D1727424

BARBARA PASSRUGGER

HARTES BROT

Damit es nicht verlorengeht...

18

Herausgegeben von Michael Mitterauer
und Peter Paul Kloß

Barbara Passrugger

Hartes Brot

Aus dem Leben einer Bergbäuerin

Bearbeitet und mit einem Nachwort versehen
von Ilse Maderbacher

BÖHLAU VERLAG WIEN · KÖLN

Gedruckt mit Unterstützung durch
das Bundesministerium für Wissenschaft und Forschung
und das Amt der Salzburger Landesregierung.

CIP-Titelaufnahme der Deutschen Bibliothek

Passrugger, Barbara:
Hartes Brot : aus dem Leben einer Bergbäuerin / Barbara
Passrugger. Bearb. u. mit e. Nachw. vers. von Ilse
Maderbacher. – Wien ; Köln : Böhlau, 1989
(Damit es nicht verlorengeht ... ; 18)
ISBN 3-205-05227-7
NE: Maderbacher, Ilse [Bearb.]; GT

ISBN 3-205-05227-7

Copyright 1989 by
Böhlau Verlag Gesellschaft m. b. H. & Co.KG, Wien · Köln

Satz: LASER · SATZ · KLOSS, 1100 Wien
Druck: Novographic, 1238 Wien

Inhalt

KINDHEIT

*Ich habe es nie spüren müssen,
daß ich ein Ziehkind war*

Die Eltern

*Ich war erst neun Tage alt,
als die Mutter gestorben ist*

Ich bin Barbara Passrugger, geborene Hofer. Meine Eltern waren Johann und Anna Hofer, Bauersleute vom Rettenegg-Gut in Filzmoos. Ich war deren achtes Kind. Da wurde mir schon ein hartes Schicksal in die Wiege gelegt.

Mein Vater hatte mehrere Berufe: Er war Bauer, er war Jäger, und er war Besitzer einer Säge. In jedem Beruf hat er gearbeitet, das war auch bei den anderen Bauern im Dorf damals so. Er war leidenschaftlicher Jäger. Für ganz Filzmoos hat er die Bretter und das Bauholz geschnitten. Er hat recht gut verdient zur damaligen Zeit mit der Säge. Und daß wir später umsonst für ihn arbeiten mußten, hat viel ausgemacht. Er kaufte trotz der schlechten Zeit in den dreißiger Jahren zwei Almen und das Haidegg-Gut dazu.

Ich war erst neun Tage alt, als die Mutter gestorben ist. Nie hat mir jemand erzählt, wie es gekommen ist, daß meine Mutter starb: Es hat der Vater kein Wort gesagt, meine Ziehmutter hat mir nie etwas erzählt, und fragen hab ich mich nicht getraut.

Gedanken machte ich mir schon – so beschloß ich später, mit zwölf Jahren, die Hebamme, die immer lieb zu mir war, zu fragen. Ich dachte, die wird es womöglich wissen. Sie haben mich damals von Bögrein herübergeschickt zum Boten Germ kaufen. Es war schon im Dunkelwerden. Ich bin zwischen Kirche und Pfarrhof gegangen, über den Kirchbichl hinuntergehüpft, als die Hebamme mir entgegenkam. Da hab ich meine Schritte verlangsamt und mir gedacht, heute sollte ich sie einmal fragen. Ein wenig Herzklopfen hatte ich schon. Sie ging gleichmäßig dahin, ist dann wohl stehengeblieben. Ich hab mich zusammengenommen und gefragt:

„Du, Katl, sog mir amol, warum d' Muatta gstorbn is!" – „Jo", hat sie gesagt, „des mog i da scho sogn! Jetzt bist eh nimmer so kloan. I hob mi immer so gsorgt um dei Muatta. Bei jedm Kind. Wonn i kommen bin, 'n Chrisam obbodn" – und das war am dritten Tag nach dem Niederkommen, wie man damals gesagt hat –, „do wor sie immer scho in der Kuchl und hot kocht. Domols, ba dir is sie a glei in Gortn oabeitn gongan. In Obnd is ihr donn vorkommen: ,Mir is so kolt, es gruselt mi.' Und gschehn is es gwesn – sie hot Fiaber kriagt, storkes, am selbn Obnd no. Und nix hot mehr gholfn!"

Kein Arzt war da; der hätte erst aus Radstadt kommen müssen. Fahrgelegenheit gab es keine, er hätte auf einem Steig über den Roßbrand kommen müssen, den Dr.-Merz-Steig haben sie den genannt.

Früher war bei jeder Geburt nur eine Hebamme dabei. Wenn für das Kind Lebensgefahr bestand, war sie ohnedies bevollmächtigt, eine Nottaufe vorzunehmen. Dabei wurde den Kindern der Chrisam gesalbt, und am dritten Tag kam die Hebamme erst wieder und hat den Chrisam abgebadet. Und bei diesem Chrisamabbaden, also am dritten Tag, war meine Mutter schon aufgestanden.

Die Katl trug damals eine Schachtel mit sich, und ich war neugierig, was da wohl drin sein mag. Also fragte ich auch danach – es war ein totes Neugeborenes, das die Katl wahrscheinlich in einem Winkel unseres Friedhofs hat begraben müssen.

Als 1910 nach meiner Geburt die Mutter starb, war der Vater 38 Jahre alt und hat nie wieder geheiratet. Er hat sich mit der Großmutter durchgebracht.

Ich bedauere meine Großmutter sehr: Sie hatte ein einziges Kind, meine Mutter, und dieses starb ihr hinweg und hinterließ acht Kinder! Der Jüngste vor mir, der Alois, war erst drei Jahre alt. Mit mir hat sich die Großmutter nicht mehr hinausgesehen. Ich kam also weg: zur Oberhof-Bäuerin, meiner Ziehmutter. Die war Witwe und hatte selber zehn Kinder. Drei sind ihr als Kleinkinder gestorben.

Damals haben die Eltern dann den Nachkommenden wieder dieselben Namen gegeben. Das war bei meiner Ziehmutter auch der Fall. Den Leonhard konnte sie noch ersetzen, den Florian und die Barbara nicht mehr. Sie sagte des öfteren zu mir, daß mein Name unter anderem mit ein Grund gewesen sei, warum sie mich angenommen hatte, weil ich eben ihre verstorbene Barbara ersetzen konnte.

Ich habe meinen Namen immer gern gehabt. Nur „Wam" wollte ich nicht genannt werden. Bis so um das zehnte Lebensjahr wurde ich von allen im Hause „'s Dianei" genannt. Dann, bis zum Schulaustritt, „'s Dirndl", und dann war ich die „Wawi". Heute sagen sie vielfach Barbara zu mir. Der Name Barbara hat mir jedenfalls Glück gebracht, denn Ziehmutter hätte ich keine bessere kriegen können.

Eine Zeitlang hatte sie auch einen Florian angenommen. Er war schon älter, als sie ihn nahm, zehn bis elf Jahre. Er war mit ihrem Sohn Tonei fast gleich alt. Die beiden haben so viele Dummheiten gemacht, daß der Florian gleich nach der Schule zu einem anderen Bauern kam.

Ich habe es nie spüren müssen, daß ich ein Ziehkind war. Es haben sich sogar die Ziehschwestern durch mich manchmal zurückgesetzt gefühlt. Meine Ziehmutter war selbst einmal Ziehkind gewesen, hatte den Hof der Zieheltern geerbt und einen Mooslechnersohn geheiratet. Dadurch kam dann ein anderer Name auf den Hof: Salchegger. Vorher war Hofer der Schreibname.

Erst unlängst erzählte man mir von einem Kommodkasten am Oberhof, auf dem steht drauf „1734" und „Roman Hofer". Und Hofer hieß es dort bis zur Heirat meiner Ziehmutter.

Mein Vater besuchte meine Ziehmutter immer wieder am Oberhof. Er sagte ihr, sie müsse mich streng aufziehen, sie müsse mich „schmeißn", weil ich nicht folge und so. Und die Sennerin vom Oberhof, die Plonl, die hat auch manchmal gesagt: „Dos is jo net dei richtige Muatta! Oba da Votta", hat sie gesagt, „sollt da scho schena tuan, wal der is jo dei richtiga Votta. Bringan tuat a dia aa nia wos!" – Sie hat mich nie verraten, wenn ich mich anläßlich eines Besuches meines Vaters bei ihr im Stall versteckt habe.

So erkannte ich mit vier, fünf Jahren meine Herkunft. Vorher glaubte ich immer, jemand anderer sei mein Vater. Es kam vom Nachbarhof öfters der Sohn vorbei, der Hans, der beschenkte mich, der hob mich hoch. Darum war ich überzeugt, er sei mein Vater.

Heute nehme ich an, daß ich wohl auch so einen kindlichen Trotz hatte, der dem Vater nicht gefallen hat, und daß er deshalb der Ziehmutter mehr Strenge empfahl. Daß ich trotzig war, erkenne ich zum Beispiel an der Erinnerung, daß ich mich auf gar keinen Fall photographieren lassen wollte.

Es gibt sogar noch ein Bild, auf dem man das deutlich sieht: Ich schau ganz finster drein, nicht freundlich, sondern richtig zuwider. Das kommt daher, daß ich schon gar nicht wollen hab, man mußte mich zum Photographieren vors Haus zerren.

Mit der Ziehmutter in der Kirche

... ich konnte mit den dargestellten Heiligen reden

Im Vorschulalter hat mich meine Ziehmutter mit in die Kirche genommen. Wenn im Dezember die Weihnachtskrippe aufgestellt war, mußte sie mich auf den Arm nehmen, daß ich hineinsehen konnte, so klein war ich noch. Immer wieder bettelte ich ums Aufnehmen.

Sie war eher schmächtig, meine Ziehmutter. Sie sagte dann: „Du bist ma zschwer zan Holtn, do tuan ma d'Händ weh!" Sie hat oft längere Zeit gebetet, und ich mußte ganz still und ruhig sein. Das war nicht leicht auszuhalten.

Sie zeigte mir auch die heilige Barbara, die als große Statue am Hochaltar stand, und erzählte mir von ihr. Ich hab sie oft eingehend betrachtet und fand sie sehr schön.

Sie erklärte mir auch die anderen Heiligen rund um den Altar: Wenn man zum Altar hinschaute, war auf der linken Seite die Barbara, die Patronin der Sterbenden. Sie hielt daher einen Kelch mit der Hostie in der Hand. Auf der rechten Seite war die Katharina, sie hatte ein Rad zu ihren Füßen. Unterhalb, links, der Florian hatte ein Schaff in der Hand und löschte mit einem Wasserstrahl ein brennendes Haus. Rechts vom Florian war der Georg. Er stieß einen Spieß in den Rachen vom Drachen, den er zu Füßen hatte. Petrus und Paulus, beide die größten Heiligenfiguren, hatten einen Schlüssel und ein Buch in der Hand. In der Mitte von allen war das Jesuskind.

Vor einigen Jahren, zwischen 1950 und 1960 muß es gewesen sein, wurde die Kirche restauriert. Der ganze Hochaltar mitsamt den Statuen kam weg. Nur mehr das Jesuskind blieb übrig.

Mir gefällt es jetzt gar nicht mehr so wie früher. Die Marienstatue am Seitenaltar kam auch weg. Sie hatte einen so gütigen Ausdruck, sie war wie eine liebe Mutter, mit dem Jesuskindlein am Arm. Die Statue vom Josef am anderen Seitenaltar, das war die Verkörperung eines schlichten, einfachen Zimmermanns.

Als ich wußte, daß die Statuen wegkommen, dachte ich immer an meine Namenspatronin und ging mit dem Gedanken herum, ich könnte die Statue eventuell vom Pfarrer bekommen. Ein Platzerl hier im Haus, wo ich sie hinstellen würde, hatte ich mir bereits ausgesucht – ein Ehrenplatzerl.

Ich ging tatsächlich zum Herrn Pfarrer, bekam sie aber nicht. Er dürfe sie nicht hergeben, sagte er; und das wird auch so sein. Wahrscheinlich wären ihm sonst das Kathei um die heilige Katharina, der Örgei um den Georg und um die schöne Marienstatue noch ein Miadei gekommen mit demselben Ansinnen. Da war es schon gescheiter, daß er nie eine Statue hergegeben hat – was ich zunächst nicht so bedacht hatte. – Wo die Statuen jetzt wohl sind? Vielleicht am Kirchendachboden?

Mir kommt vor, wenn einem als Kind etwas so ans Herz gelegt wurde, dann schmerzt der Verlust sehr. Alle Statuen waren wunderschön, und ich konnte mit den dargestellten Heiligen reden. Mir kam vor, die verstehen mich. Sie haben mich so gut und lächelnd angeschaut. Nur Petrus und Paulus waren recht ernste Männer, mit denen hatte ich weniger auszumachen.

Ich ging noch lange nicht zur Schule, da hat mir die Mutter ein Gebetlein gelernt zur heiligen Barbara:

Heilige Barbara, du edle Braut,
Mein Leib und Seel sei dir vertraut
Wie im Leben als im Tod,
Komm mir zu Hilf in jeder Not,
Steh mir bei im letzten End
Mit dem hl. Sterbesakrament.

Jeden Tag, gleich nach dem Aufstehen und am Abend vor dem Schlafengehen, mußte ich auf ein Schemerl vor den Hausaltar hinknien, einen Vaterunser, den Glauben an Gott und das Barbara- und Schutzengelgebetlein beten. Wenn ich tagsüber nicht ganz brav war, mußte ich je nach Vergehen mehr Vaterunser beten, mit dem eingeflochtenen Vorsatz, es nicht mehr zu tun.

Der Oberhof

. . . war schon ein Großbauer!

Das Gut meiner Ziehmutter war sehr groß. Es war beim Oberhof das Zulehen Bögrein mit einer Alm und die große Oberhofalm. Das hat schon etwas gebraucht, daß eine Frau das hat bewältigen können; das alles zu schaffen, war schon viel!

Es waren viele Dienstboten da. Weiberleut sind gewesen: Es war die Sennerin, die erste Dirn, die zweite, die Stalldirn, dann war eine Kuchlerin, eine

Köchin, und dann hat es noch eine Pirscherin gegeben, das war die letzte.

Von den Knechten war der Moaknecht der erste vom Stand, der hat viel zu verwalten gehabt. Mit dem wurde jeden Abend ausgemacht, was am nächsten Tag zu arbeiten war. Dann war der Untermoa, der Werfer, der Hirter, der das Kleinvieh – Schafe und Ziegen – zu versorgen hatte wie der Ochsner die Pferde und Ochsen, und der Pirscher, ein gerade ausgeschulter Bursch, den man wo hinschicken konnte, der überall mithelfen mußte. Moaknecht am Oberhof war, als ich noch klein war, der Bruder der Großmutter.

Am Oberhof war, wie in jedem Bauernhof, eine Stube, wo die Dienstboten sich aufgehalten haben. Da war ein großer runder Tisch drinnen für die Leute, wo sie gesessen haben. Alle anderen Bauern hatten solche runden Tische. Die Bänke waren auch rund, die waren direkt mit der Wand verbunden. Und die nicht im Eck waren, die vorderen Bänke, die waren auch rund, rund geschnitten. Da war dann noch so ein „Reiler" drauf – Reiler hat man das genannt; das ist an einer Bank befestigt gewesen, das konnte man dann verschließen und öffnen, damit man bei Tisch nicht eingesperrt gewesen ist, wenn man aufstehen hat müssen. Da hat man dann den Reiler angeschoben und ist herausgegangen. Rückenlehne gab es an den vorderen Bänken keine.

Jeder hat seinen bestimmten Platz gehabt. Mägde für gewöhnlich auf der vorderen Bank, weil die, die Dirn gewesen ist, hat ja die Eßsachen aufgetragen, hat wieder etwas holen müssen, die ist dann immer beim Reiler hinaus und deshalb bei Tisch immer die nächste vom Reiler gewesen.

Hinter dem Tisch war der Herrgottswinkel.

Auch die Handwerker, die auf Stör da waren,

haben alle am Tisch bei uns gegessen; ob das der Schuster, der Schneider, der Weber, der Hachler – der beim Flachs half – gewesen ist, die ja alle ungefähr drei bis vier Wochen pro Jahr bei uns im Haus waren, die haben alle bei uns am Tisch mitgegessen. Waren mehrere im Haus, dann ist es bei Tisch doch etwas eng geworden! Für einen solchen Fall gab es – nicht nur auf dem Oberhof – so einen Hängetisch. Der war an der Wand befestigt und herunterklappbar. Dort haben dann die Kinder und die Hinten-nach-Dienstboten gegessen. Wir haben ihn Reiltisch genannt.

Jeder hatte am großen Tisch auf seinem Platz ein Lederfleckerl unter dem Tisch genagelt gehabt – da hat dann jeder seinen Löffel hineingesteckt nach dem Essen; die kamen nicht in die Küche zum Abwaschen. So wurde es bei allen Bauern rundum auch gehalten.

Es ist alles aus einer Schüssel gegessen worden, aus einer Pfanne. Und wenn es einmal Speisen gab, die gemeinsam verzehrt wurden, zum Beispiel ein „Muas" mit „Schottsuppen", dann ist die Schottsuppe auf den Tisch gestellt worden, darüber ein eiserner Dreifuß mit einer Platte, darauf dann die Pfanne mit dem Muas, sodaß wir beides zusammen essen konnten. Dann gab's in der Stube noch einen großen, gemauerten Ofen und den halben Teil eines Brotbackofens, sonst war in der Stube nichts weiter mehr drin, das war die ganze Einrichtung. Bewohnt war nur die Stube. Stube und Küche waren getrennt.

Als ich Kind war, gab es noch einige offene Herde. Die wurden aber meist nicht mehr benutzt. Am Oberhof war es zum Beispiel so, daß in der Küche ein offener Herd da war, aber es war in der Stube schon ein gemauerter Ofen drin, von dem der Rauch auch nicht mehr in die Küche ging, sondern schon in den Kamin hineingerichtet war. Die offenen Herde wurden dann meist abgerissen. Die Kamine derselben waren aus Holz, also ganz leicht zu entfernen. Weit, weit später gab's dann noch die Änderung mit dem Sparherd.

Im Winter war's in der Stube oft eng. Vor allem in Rettenegg, meiner eigentlichen Heimat, in die ich dann später wieder kam, da war das so, wenn der Vater der Wärme wegen mit seiner Hobelbank in der Stube einzog. Gesponnen wurde auch dort, da ist es schon oft eng geworden.

Um die Öfen herum, sowohl in der Stube als auch in der Küche, gab es eine besondere Plage: die „Schwabenkäfer" und daheim drinnen auch die „Russen". Die ließen sich bei Tag nicht sehen; wenn man aber das Holzbrettl beim Ofen aufgehoben hat, dann sind die „Schwaben" und die „Russen" gerannt ums Leben! In meiner Kindheit gab's dann etwas, um das Ungeziefer zu vernichten: Das war Petroleum, das sie nicht haben wollen. Wir haben auch, kann ich mich erinnern, Brennessel abgesotten, denn den Sud, den wollten sie auch nicht. Aber sie sind dann doch immer wieder gekommen. Dann gab es beim „Boten", dem ersten Kaufhaus in Filzmoos, ein Mittel zu kaufen, mit dem man das Zeug vertilgen konnte.

Der „Bot" hatte es nämlich selber auch mit den „Russen" und „Schwaben" zu tun. Ich weiß nicht mehr, wie das geheißen hat, es war so ein gelblicher „Stup", mit dem haben wir sie dann tatsächlich ausgerottet. Das haben wir dann in die Fugen streuen können, wo sie sich am meisten aufgehalten haben. Das hat richtig ausgegeben. Wenn wir gewußt haben, daß da noch welche drin sind, haben wir wieder ein wenig hineingestreut. Die waren dann weg, damit hatten wir keine Probleme mehr. Am Oberhof ist dann noch neben der Küchentür – die Küche lag unmittelbar neben der Stube – so ein Faßkorb an der Wand gehängt. Da haben sie die Teller und die Schüsseln hinaufgesteckt nach dem Abwaschen. Bevor die Kost ausgetragen worden ist, hat man sie von dort heruntergenommen. Abgewaschen wurde in der Küche.

In der Oberhofküche war ein aufgemauerter Herd – wie der dort aufgebaut wurde, das habe ich nicht gesehen; der war, so lange ich mich zurückerinnern kann, immer schon da. Aber der offene Herd war auch noch da; das war eine riesige Feuerstelle – aber sie haben dort nicht mehr gekocht.

Dann war der Ausguß, dann der Waschkessel, an den offenen Herd anschließend, der war recht groß. Hinter ihm, neben der Küchentür, an der Wand angebracht, war der Waschtisch. Auf den hat man die Wäsche hingelegt, gebürstet, ausgerieben. Dann, wie gesagt, die Küchentür, dann wieder eine Bank hinter der eine Vertiefung in der Wand war; das war der „Wandschrank", vor den ein Vorhang vorgezogen war. Da waren dann die größeren Töpfe drinnen, so der Krauthäfen, der Schottsuppenhäfen, der Geselchtes-Fleisch-Siedhäfen. Man hatte für viele Dinge einen eigenen Häfen, der nur dafür und für nichts sonst benutzt wurde, und die wurden nach dem Abwaschen da in diese Wandvertiefung hineingeschlichtet. Gleich anschließend war der Backofen, der brauchte enorm viel Platz.

Unmittelbar daneben war ein kleines Tischerl. Dort wurden Leute, die auf den Hof kamen, für die momentan niemand Zeit hatte, um sich mit ihnen in die Stube zu setzen, hingebeten. Gekommen und gegangen ist kaum jemand, der nicht bewirtet worden wäre. Die Mutter stellte dann einen Sessel hin und sagte: „Sitz zuchi zan Tisch!" Die bekamen dann eine Jause. Meistens Kaffee und Brot dazu; oder auch Butter, wenn es jemand war, der etwas gebracht hatte. Ich denke zum Beispiel an den Ruep, den Bruder der Sennerin Plonl, der hat, weil er über die Alm Rechen für den Hof gebracht hat, immer Kaffee bekommen. Dem hab ich als Kind beim Kaffeetrinken immer zugeschaut, weil der Ruep eine besondere Angewohnheit hatte, eine komische Sitte – „Tuck" haben wir gesagt: Er hat das Brot in den Kaffee eingebrockt. Das hat er dann ausgelöffelt und hat – und das war das Besondere, von mir stets Beobachtete –, wenn er mit dem Löffel voll Kaffee und Brot aus dem Häferl heraus zum Mund hingefahren ist, fest die Augen zugemacht. Erst wenn er den Löffel im Mund drinnen hatte, hat er die Augen wieder aufgerissen.

Als Kind sieht man vieles anders – ich jedenfalls hab ihm zuschauen müssen, und das Bild bleibt mir ewig in Erinnerung, als ob ich's heut noch vor mir hätte.

Im Oberhof war ein ganz großes Vorhaus. Dort wurde geschlachtet. Bei der hinteren Haustür wurden die Rinder hereingeführt, und die sind da geschlachtet worden im Vorhaus; im Vorhaus auch aufgehängt. Als ich noch so ein kleines Kind gewesen bin, nicht in die Schule gegangen bin, da hab ich mich deshalb immer geschreckt, das hab ich immer gescheut; weil die Kuh – meistens ist es eine Kuh gewesen, ein Großrind –, wenn sie geschlachtet wurde, eine Nacht lang da heruntergehangen hat. Die ganze, große Kuh, abgezogen, ausgeschlachtet. Da bin ich nicht gern vorbeigegangen. Überhaupt dann nicht, wenn sie mich im Finstern um etwas geschickt haben. Da wußte ich nicht, wie ich an dem Rind am besten vorbeikäme.

Dann war das Stüberl der Mutter. Das war ein größeres Zimmer. Als Kind – ich glaube bis zum Schulgehen, nein, eigentlich bis zu der Zeit, zu der wir ins Bögrein gekommen sind – habe ich immer bei ihr in dem Stüberl schlafen dürfen.

Die Mutter hatte ein Ehebett, mit zwei Nachtka-

18

sterln links und rechts. Als ich noch sehr klein war, durfte ich im Ehebett liegen. Oder wenn von den Ziehschwestern eine krank geworden ist, durfte sie da schlafen. Dann hatte ich allein ein Bett im Zimmer der Mutter.

Beim Schlafengehen war es so, daß die Mutter sagte: „So, jetzt gehst schlofn, du host nix mehr zum Aufsein! Bet' dei Obndgebet, gib Ruah und bleib im Bett!" Dann bin ich alleine schlafengegangen. Da hab ich mir gar nichts weiter dabei gedacht, daß ich mich da fürchten sollte, oder nicht fürchten sollte, wenn ich auch ganz allein in der Kammer war. Da hätt' einem eh nichts geholfen, wenn man das nicht wollen hätte.

Bis aufs Hemderl hat man sich ausgezogen – ein eigenes Nachtgewand wie heute hat es nicht gegeben –, hat sich ins Bett gelegt, am nächsten Morgen sein Gewand wieder übergezogen. Sobald ich fähig war, daß ich die Decke zu mir herzog und den Strohsack etwas aufrüttelte, hab' ich mir mein Bett selber herrichten müssen. Auch von den Dirnen mußte sich das jede selbst machen. Da war meine Ziehmutter sogar sehr streng. Sie ist öfters am Vormittag hinaufgegangen, hat nachgeschaut, ob die Betten gerichtet sind. Sonst haben die Dirnen einen Verweis von ihr bekommen. Die Großdirn mußte den Männern die Betten machen, ihre Kammer in Ordnung halten, ihre Kleider über einem Stuhl zurechtlegen.

Ich schlief also zunächst in Mutters mit Zirbenholz getäfeltem Stüberl. In diesem war, wie gesagt, ihr Ehebett, mein Bett; dann ein Tisch, beim Fenster, mit Bänken. Das war kein runder Tisch. Ein großes, schweres, dunkles Ding war noch da, ein eineinhalb Meter hoher Schrank aus Eisen, in dem sie ihre ganzen Schriften, ihre „Rot-Kreuz-Papiere" – so Anleihen von der Kassa – und das Geld hatte. „Safe" haben sie dazu gesagt. Wenn sie aufgesperrt hat, sah man, daß die Tür ganz dick war.

Neben dem Safe stand ein Kommodkasten, ganz im Eck dieser Wandseite schon, daran anschließend stand ein Kleiderschrank. Die Tür ins „Kematnkammerl" schloß an, durch das man in die Kematn kam. Dort, in der Kematn, war es recht kühl, da hat man zum Beispiel das Krautschaffel hineingestellt, oder in die Stellagen den Käse (den Bierkäse, der weniger feucht braucht und deshalb nicht mit dem anderen in den Keller kam), die Butter, die man von der Alm brachte.

Im Kematnkammerl, also vor der Kematn, waren auch ein Bett und eine Kommode drinnen. Hinter der Kematnkammerltür war in Mutters Stube der Ofen. Das war schon ein Kachelofen, für die damalige Zeit ein sehr schöner Ofen, mit Bank rundherum zum Hinsetzen und schließlich eine zweite Tür ins Vorhaus.

Dann gab es noch das äußere Stüberl, ein kleineres als das der Mutter. Da war auch ein Bett drinnen, in dem hab ich eine Zeitlang, bevor ich von der Mutter weg in die Weiberleutkammer hab müssen, geschlafen.

Eine Weiberleutkammer und nebenan eine Männerleutkammer für die Dienstboten gab es auf jedem Hof. Am Oberhof hatte die Sennerin, die Plonl, mit ihrem Gatten, dem Hirter, ein eigenes Stüberl. Das war ein recht nettes Stüberl, weil auf die Plonl hat die Mutter immer besonders gut geschaut. Die Sennleut waren auch sonst immer ein wenig die Bevorzugten, weil man sie schon notwendig gebraucht hat. Vor allem die Ziehmutter, die allein war, Witwe war. Die hatten ja das Vieh über.

Das war das Hirterkammerl, es war ganz einfach eingerichtet. Es waren nur die zwei Betten drinnen für die zwei Leut, die Plonl und ihren Mann. Ihr geringes

Hab und Gut, ein Kommodkasten und sonst ein wenig was.

Die beiden waren, so lange ich mich erinnern kann, am Oberhof, und beim Umzug nach Bögrein hat die Mutter ihnen erlaubt, zeitlebens das Schwarzhäusl zu bewohnen. In den Matrikeln stand „Oberbögrein" drinnen, aber gesagt haben sie „Schwarzhäusl", weil's schon so alt war von Natur aus, das war nicht angestrichen.

Im oberen Stockwerk am Oberhof kam dann die große Stube, über der Stube der Mutter, die Gästestube. Gäste waren der Händler aus Radstadt oder Vorwerfener und Hüttauer Bauern, die Vieh auf unserer Alm zum Weiden hatten; oder die ersten Feriengäste, von denen ich später noch erzählen will. Die durften dort schlafen.

Sie war eingerichtet, die Möbel haben zusammengepaßt. Es gab Nachtkasterln, einen schönen Kleiderschrank, schöne Betten mit schönem Bettzeug; es war wirklich, so wie man sie auch genannt hat, eine „schöne Stube" – auch schon mit Vorhängen, was es sonst nicht gegeben hat; das waren nicht, wie später in Bögrein, leinerne, selbstgemachte, sondern gekaufte. Damals war das halt eine Rarität, wenn man sich so etwas hat kaufen können. Die Leinernen waren ganz schlicht, nichts wurde da draufgestickt – die Gekauften aber hatten ein Muster. Die schöne Stube war auch getäfelt.

Vis-à-vis war die Weiberleutkammer. Die war ganz grob, mit roher Wand, wie das Holz halt ursprünglich gehackt worden ist. Da war sonst nichts drinnen als die Betten der Frauen; wo sich's die Mägde hingestellt haben, das ist ihnen selbst überlassen worden. Da wurde ihnen nicht dreingeredet.

Manchmal ist eine dahergekommen und hat einen Kleiderschrank, einen Kasten, mitgehabt, das war halt ihr Eigentum, das haben sie sich in der Kammer drinnen lassen können.

Am Oberhof war es eine große Kammer, und es war nicht viel drinnen, so war noch viel Raum. Die Betten haben fast alle an die Wand gestellt, im Winter aber, wenn es recht kalt war, hat man sie weggerückt, weil's von der Mauer kalt herging.

Nebenan in der Knechtekammer war's ganz dasselbe. Da war auch eine grobe Wand, auch die Knechte hatten ihre Betten, ihr Hab und Gut dort. Die Männer hatten öfters Kommodkästen; Kleiderschränke wie die Frauen hatten sie überhaupt nicht. Drei Schuber hatte so ein Kommodkasten, und da haben sie alles untergebracht, was sie besessen haben. Wenn einer ganz ordentlich war, hatte er den Schuber abgeteilt in Sonntagsgwandl und Socken.

Oft einmal konnte mich einer der Knechte gut leiden, da war dann auch wieder überhaupt nichts dabei, wenn ich mit ihnen in die Kammer spaziert bin. Wenn die dann ein bißl in ihrem Kasten herumgeräumt haben, da war es mir – wie anderen Kindern sicher auch – wichtig, daß ich da hineinschauen durfte.

Der Hansei, der Moaknecht vom Oberhof und Bruder der Großmutter, der hat mich sowieso mitgehen lassen, wir hatten uns sehr gern, ich ihn und er mich. In der Stube hat er dann den Schuber vom Kommodkasten entfernt, den Kasten herausgezogen, und in der Lade hat er dann schon auch etwas Gutes für mich drinnen gehabt. Da bin ich dann natürlich dicht dabeigestanden und hab gewartet, was er tut! Der war furchtbar ordentlich, die Socken schön nebeneinander aufgestapelt, die Stutzen gesondert, auf einem Platzl das Sonntagsgewand. Daß es der schön hat in seinem Kasten, war mir auch als Kind durchaus bewußt.

Der Moaknecht hat zwar die Arbeit angeschafft, aber geschlafen hat er mit den anderen Knechten gemeinsam. Separat waren nur die Hirterleut, die waren ja auch verheiratet – was unter dem Gesinde eine große Seltenheit war. Ich kannte auch auf den anderen Höfen nirgendwo zwei Verheiratete unter den Dienstboten. Es waren nur Knechte und Mägde, und die hatten zum Heiraten keine Gelegenheit.

Dann gab es noch bei allen den Dachboden, da war auch noch ein Zimmer, das aber nicht als Schlafgelegenheit diente. Da waren Dinge dort, die man zur Seite gestellt hatte, vielleicht ein altes Bett oder eine ältere Einrichtung, wenn man was Neues hineingestellt hat; was man so für gewöhnlich halt auf einen Dachboden stellt.

Das war früher eigentlich nie viel. Hauptsächlich Wolle, von der am Oberhof nicht wenig war, kam unters Dach eine Zeitlang. Die mußte ja abgewaschen werden, die „Schafwäsch" hat das geheißen. Das war Arbeit der Dirnen. Vom Werchhaufen wurde beim winterlichen Spinnen nach und nach was zur Verarbeitung in die Stube hinuntergetragen.

Vom Vorhaus zur hinteren Haustür hinaus kam man an den Ställen – Ochsen-, Pferde- und Rinderstall – vorbei auf den langen Hof, wo die Tiere zur Tränke geführt wurden. Da mußte man vom Vorhaus vorne bis in den Hof eigentlich einiges gehen, den langen Gang haben sie das genannt; da war ja eine Streuablage auch noch dabei. Und draußen im Hof waren dann erst die richtigen Ställe: die Ziegen-, die Schafe-, die Kälber-, die Jungrinder-, die Kuh- und die Schweineställe. – Oberhof war schon ein Großbauer!

Kriegserinnerungen

... für Gott und Vaterland – und für den Kaiser

An den Ersten Weltkrieg erinnere ich mich noch
gut. 1914 mußten meine Ziehbrüder zur Musterung.
Als sie zurückkamen, waren sie gut aufgelegt, sangen
und jubelten. Sie wurden von der Mutter, den Geschwistern und den Dienstboten mit Gratulationen
empfangen, alle waren stolz darauf, daß sie als zu-
künftige Soldaten die Musterung bestanden hatten.
Mich beeindruckten am meisten die hohen Hüte, die
die Ziehbrüder damals aufhatten, geschmückt mit
Kränzen aus künstlichen Blumen und Federn. Als sie
die in der Stube auf dem Klapptisch abgelegt hatten,
stand ich lange davor und betrachtete sie. Geglänzt
und geschimmert hat das Zeug, hab vorher noch nie
so etwas gesehen gehabt. Das war schon bewunde-
rungswürdig!

Ich hatte meine Ziehbrüder recht gern. Drei davon
mußten dann auch gleich einrücken. Ich denke an
diesen Tag, wie wenn es heute wäre. Ich fühlte, daß
nun alle viel trauriger waren, ganz anders wie damals,
als sie von der Musterung heimkamen. Die Mutter hat
geweint, und ich hab auch geweint, wenn ich auch die
Tragweite noch nicht verstehen konnte. Aber es war
mir gar nicht recht, daß meine lieben Brüder so weit
fortgehen mußten. Ich war dann immer ganz glücklich, wenn der eine oder der andere zu einem kurzen
oder längeren Urlaub heimkam.

Es kamen dann aber ganz, ganz traurige Zeiten für
alle. Zuerst starb der Josef Hofer, der Ziehvater
meiner Ziehmutter – am selben Tag, als der Kaiser
Franz Joseph starb. Er war, nachdem er der Ziehmutter bei ihrer Vermählung den Oberhof übergeben

24

hatte, ins Zulehen Bögrein gezogen – genau wie später meine Ziehmutter nach der Übergabe des Hofes. Dort haben wir ihn immer besucht. Ich durfte ohneweiters mitgehen. Wir haben ihm Speck, Eier, Brot und andere Dinge mitgebracht. Ich weiß noch gut, daß die Ziehmutter ihm die Stube aufgeräumt und das Bett gerichtet hat, damit er sich wieder hineinlegen konnte.

Nach dem Tod von Josef Hofer wurde der älteste Ziehbruder gefangengenommen, der zweitälteste hatte sich an der Front einen Fuß erfroren. Es wurde ihm im Wiener Garnisonspital ein Stück Bein nach dem anderen abgenommen, es ging dann in Brand über (Brand wurde damals dazu gesagt, wenn eine Wunde nicht heilte). Der Fuß wurde schwarz, und er ist gestorben. Er kam in einem Metallsarg nach Filzmoos zurück. Die Nachricht überbrachte der Pfarrer. Meine Mutter ist zusammengebrochen. Für mich war das alles auch furchtbar.

Viele, die ich gekannt hatte, kamen vom Krieg nicht mehr heim. Man kann ihre Namen heute noch auf einer großen Tafel in der Kirche nachlesen.

Auch mein vermeintlicher Vater kam vom Krieg nicht mehr nach Hause. Mir ist er furchtbar abgegangen. Ich verstand nicht, warum die alle haben fortgehen müssen. Ich hab dann ständig herumgeraunzt bei meinen Ziehschwestern und bei der Ziehmutter, warum denn der Hans nie mehr kommt.

Einmal haben sie halt dann gesagt: „Na, der is a erschossn wordn!" Das ist mir als Kind absolut nicht eingegangen! Warum sollten sie den erschießen?

Das Wort Krieg sagte mir nichts. Ich verstand nicht, daß das sein hat müssen, für Gott und Vaterland, wie sie damals gesagt haben, und für den Kaiser.

Mein Spielzeug

Ab und zu hab ich den Engel gewaschen

Als am 19. März 1918, am Josefitag, also genau an seinem Namenstag, mein Ziehbruder Josef im Garnisonspital starb, hat die Mutter viel geweint und war sehr traurig. Sie tat mir leid, ich wollte sie gerne trösten und wußte nicht, wie. Da sagte sie zu mir, ich soll mit ihr in die Leitn hinaufgehen (Leitn ist ein sonnseitiger Hang, der früher aper, das heißt schneefrei, wird) und mit ihr für Josef den Rosenkranz beten. Ich war gerne bereit dazu.

Ja, von unten hinauf ging's ganz gut mit meiner Nachbeterei. Aber auf der Apern oben stand ein Heustadl, von dem im Winter das Heu vom Sommer zur Hausscheune gebracht wurde. Bei dieser Arbeit wurde immer etwas Heu verstreut. Dieses ließen sich die Hasen zugutekommen. Dafür blieben dann die runden Kügelchen zurück. „Hosnpeln" sagten wir. Wegen dieser Hosnpeln vergaß ich ganz aufs Beten, weil ich sie nämlich zum Kugerlscheiben einsammeln wollte, denn andere hatten wir nicht. So war ich mit dem Auflesen und dem Nachbeten gleichzeitig beschäftigt.

Die Mutter war darüber verärgert und sagte, mit mir sei nichts anzufangen, weil ich nur mehr so unaufmerksam nachbete und weil mir die Hosnpeln wichtiger seien.

Als wir heimkamen, erzählte die Mutter dem Ziehbruder Georg, daß ich nicht brav gewesen sei und anstatt zu beten mich mit den Hosnpeln beschäftigt hätte.

Georg sagte nichts dazu. Aber als er darauf wieder von Salzburg heimkam, hatte er für mich richtige, schöne Spielkugerl mit; in allen Farben. Wie hab ich mich darüber gefreut! Sogar einige Glaskugerl waren dabei, ganz schöne, große. Aber es passierte wieder etwas Unangenehmes: Beim Kugerlscheiben war einmal der Bernhardinerhund Pluto dabei. Er rannte einer Glaskugel nach und schluckte sie. Daran ging er dann zugrunde. Georg bekam Schimpf, daß er dem Dirndl die Kugerl gebracht hatte. Aber der Hund war ohnedies schon hübsch alt und nachlässig gewesen! Deshalb galt er nicht mehr soviel bei der Ziehmutter.

Außer den Glaskugeln hatte ich noch ein anderes, wunderschönes Spielzeug: Von einer Kirchenrestaurierung war ein Engel auf dem Oberhof – ein richtiger Engel! Die Flügel hatten sie ihm abgeschnitten, daß ich ihn als Puppe im Arm halten konnte. Der Ziehvater meiner Ziehmutter hat wahrscheinlich bei der Kirchenrestaurierung, bei der die Fenster größer gemacht wurden, etwas für die Kirche gekauft. Wohlhabend ist er gewesen. Dadurch könnte er zu diesem Engel gekommen sein. Nur eines paßte mir an meinem Engel nicht: Wenn ich den Engel weggelegt habe, weil er schlafen sollte, dann hat er halt auch immer noch den Fuß in die Höhe gehalten, sodaß ich ihn nicht besonders ordentlich zudecken konnte.

Das war halt so mein Spielzeug, den hab ich furchtbar hüten müssen! Wenn da die Nachbarskinder gekommen sind, hab ich immer schauen müssen, daß ich meinen Engel unters Bett hineingebracht habe. Ich hab mich nämlich so gefürchtet, daß die meinem Engel was tun, daß sie ihn zerkratzen oder sonst etwas mit ihm anstellen könnten.

Ich selbst durfte mit dem Engel schon alles tun: Ab und zu hab ich ihn gewaschen, richtig abgewaschen, ganz sauber, und dann hab ich ihn mit einem der Fetzen, die ich gekriegt habe, ein bißl eingewickelt. Von meiner Ziehschwester, die immer so viel genäht hat, hab ich die dabei übriggebliebenen bunten Fetzerln bekommen – zum Engeleinwickeln.

Ich spielte aber auch mit ganz einfachen Dingen, zum Beispiel mit Baumzapfen. Die Größeren waren die Kühe, die Kleineren die Kälber oder die Holzochsen. Die Zapfen waren an einem Bandl angebunden. Mit „Hüh und Hott" bin ich dann mit denen über die Holzbretter gefahren.

Zigeuner in Filzmoos

. . .Wonn de di derwischn,
donn nehmen s' di mit!

Einmal spielte ich auf diese Weise dreißig oder vierzig Meter oberhalb vom Hof in einer Bretterhütte: mit den Baumzapfen über die Bretter rauf und runter. Das war für mich ganz allein ein lustiges Spiel.

In meine Beschäftigung vertieft, hörte ich plötzlich vom Weg her, der draußen an der Hütte vorbei zum Haus führte, fremde Stimmen. Ich schaute auf. Oh, du fürchterlicher Schreck! Es waren die Zigeuner. Weiberleut.

Ich habe gezittert vor Angst. Hinauf konnte ich nicht mehr, denn am Anger oben waren schon die anderen Zigeuner. Hinunter ging's auch nicht, da waren die drei Weiber. Zum großen Glück kam beim Scheunentor meine Mutter heraus. Ich lief, was ich konnte, zu ihr hinunter, packte sie um die Füße und weinte eine Zeitlang unaufhörlich. Abends ging ich keinen Schritt mehr von ihr weg.

Die Angst vor den Zigeunern kam daher, daß mir die Dienstboten immer sagten: „Paß auf! De tuan Kinda stehln! Wonn de di erwischn, donn nehmen s' di mit. Schrein derfst a net, sonst bringen s' di glei um und essn di auf!"

Zigeuner kamen regelmäßig im Sommer in unsere Gegend. Sie hatten unweit des Oberhofes ihr angestammtes Platzerl, wenn sie durchzogen. Sie blieben für zirka zehn Tage.

Bei schönem Wetter machten sie am Anger oben Lagerfeuer. Da spielten sie Musik und sangen, und als ich Jahre später den Mut hatte, auf den Balkon hinauszugehen, um ihnen zuzuhören und zuzusehen, sah ich sie im Feuerschein tanzen.

Natürlich hätte ich das nicht tun dürfen, aber die Musik gefiel mir gar so sehr, und das Tanzen glaubte ich nachmachen zu können. Ganz allein in der Bretterhütte probierte ich, ob ich auch so tanzen könne. Aber es war wohl nur eine Herumhüpferei. Und auch das hätte ich nicht tun dürfen. – Wenn das jemand gemerkt hätte! Zu lange durfte ich mich auf dem Balkon nicht aufhalten, ich mußte gleich ins Bett. Aber durch die Musik, glaube ich heute noch, habe ich zufrieden und glücklich eingeschlafen und träumte wahrscheinlich nichts Ungutes von den Zigeunern.

Die Erwachsenen aber hatten nicht selten Streit mit ihnen. So auch mein Bruder Franz, der sie beim Hühnerstehlen ertappt hatte. Er drohte mit dem Gendarmen, den es damals in Filzmoos noch gar nicht gab; sie damit, daß sie ihm dann den roten Hahn aufs Dach setzen wollten. In meiner kindlichen Einfalt dachte ich mir: „Ob die den roten Hahn etwa auch irgendwo gestohlen haben?"

Ein andermal trug es sich zu, daß Zigeuner dem Weitenhauser Bauern den Haklstecken – Spazierstock oder Wanderstab würde man heute dazu sagen – stahlen. Ich mußte mit ihm Ochsen nach Mandling treiben. Die älteren Bauern trugen unterwegs alle so einen Haklstecken, das war so Tradition.

Er ging also mit dem Haklstecken voraus, dann die zwei Ochseln, und ich mußte mit einem Treibstecken nachtreiben. Draußen war er schon mit dem Händler zu einer bestimmten Zeit verabredet.

Wir gingen nach erledigtem Geschäft in die Gaststube hinein. Mir hat das recht gut gefallen, ich hab mich nicht abplagen müssen, weil die Ochsen ihm vorher, da sie den Bauern ja gut gekannt haben, brav hinterhermarschiert waren, und dann hab ich noch eine Würstelsuppe bekommen! Das war sowieso schon ein Festessen für mich; er hat auch was gekriegt – das hat nämlich alles der Händler gezahlt. Das war eingehandelt, da hat der Weithausner schon gesagt, daß das sein muß. Seinen Haklstecken hat er bei der Tür angelehnt. Es ist alles ausgezahlt worden, die Ochsen und das Essen.

„So, jetzt gehen wir wieder." – Da war aber der Haklstecken weg. Da wurde der Weithausner nervös: „Wou is der? I hob'n dou do hergstellt!?" Ich hatte meinen dazugestellt gehabt, machte mir aber nichts draus, daß meiner fehlte, weil das ja ein ganz gewöhnlicher Treibstecken war. Aber er wohl!

Man sagte uns dann, die Zigeuner seien da, am Platz drüben. „Vielleicht hot dos Zigeiner-Gfratz mein Haklsteckn gstuhln!" Da müsse er hin, meinte er. Ich war schon neugierig, was da draus wird.

Schon von weitem fing er an zu meutern. „Ös vadommtn Buam, ös do! Hobts mir mein Haklsteckn gstuhln? Ha!?" Die alten Zigeuner sind schon aufmerksam geworden, die Kinder sind zusammengesprungen. Einer ist dabei gewesen, ein Bub, ein bißl ein größerer, so mit zwölf, dreizehn Jahren, der hatte schon den Haklstecken hinter seinem Rücken versteckt gehalten. Aber man hat es doch gesehen.

„Jo, do is er eh scho! Du vadammte Lausbua!" Immer mehr Zigeuner kamen an. Der Weithausner ist hin zu dem betreffenden Buben. „Du, doß i da net ane zind!" hat er ihn angefahren. Aber das hat er sich dann gar nicht getraut, denn da waren schon die alten Zigeuner auch in Bereitschaft da!

Ich dachte mir: „Na, servus, wenn er dem jetzt wirklich eine herunterhaut, dann kriegt er es mit den Zigeunern zu tun!" Und so gescheit, daß er's nicht getan hat, ist er auch gewesen.

Sie haben schon auch tüchtig geschimpft, die alten Zigeuner, aber das haben wir ja nicht verstanden. Die haben ja eine andere Sprache gehabt – aber geschimpft haben sie in aufgeregter Art und Weise. Und der Weithausner hat halt auch noch eine Weile zurückgeschimpft: „Ihr Saubagasch, nixnutzige! Stehln tuan s' und olls tuan s'!" Dann hat er dem Buben den Haklstecken aus der Hand gerissen und ist mit diesem weg. Durchs Egg herein, das ist am Weg nach Filzmoos zurück, hat er noch manchmal vor sich hingeschimpft.

Für mich war's halt einmal ein Erlebnis, wie der sich mit den Zigeunern gestritten hat. Da war ich freilich schon weit älter als bei der ersten Begegnung mit den Zigeunern.

SCHULZEIT

Ich freute mich schon sehr aufs Schulgehen

Mein Ziehbruder Georg hatte mir bei seinem Heimaturlaub aus Salzburg eine kleine Rechenmaschine und eine Schachtel mit einzelnen Buchstaben zum Wörterzusammensetzen mitgebracht. Ich konnte mich vor lauter Freude über diese Sachen nicht mehr fassen und habe ihn mit beiden Händen um den Hals genommen.

Das hat eine alte Frau gesehen, die öfter auf Besuch kam. Die hat mich dann ganz finster und böse angeschaut, hat aber nichts gesagt, weil Georg dabei war. Als sie mich aber einmal allein erwischte, hat sie mich geschimpft, daß ich ganz was Schlimmes gemacht hätte, das sei so unanständig und grauslich, und wenn ich einmal beichten gehen müsse, dann würde mich der Pfarrer hinausjagen, und der Himmelvater würde mich zu den Teufeln in die Hölle schicken. Die Frau wurde die „Pfarrer-Nanni" genannt. Sie war eine alte Pfarrhaushälterin. Wenn man sie am Weg sah, hatte sie immer ein Gebetbuch und einen Rosenkranz bei sich.

Ich habe mich dann vor ihr gescheut und, wenn es ging, einen großen Bogen um sie gemacht. Aber die Freude an meiner Rechenmaschine und den ABC-Buchstaben konnte sie mir trotzdem nicht verderben.

Ich konnte mich stundenlang mit dem Rechnen an

der Maschine und mit den Buchstaben beschäftigen. Ich glaube heute noch, daß mir das sehr viel geholfen hat, denn ich tat mir dann in der Schule ganz leicht. Zur damaligen Zeit fing die Schule für die Anfänger am 1. Mai an. Über meinen Eintritt gab es zwischen dem Lehrer und meiner Ziehmutter Unstimmigkeit – ich war nämlich erst am 2. Mai sechs Jahre alt und hätte genaugenommen noch gar nicht anfangen dürfen. Ich durfte aber dann doch gehen. Vom Lehrer wurde ich sogar gefragt, ob ich gerne in die Schule ginge, was ich kopfnickend bejahte. Ich freute mich schon sehr aufs Schulgehen.

Der erste Schultag war schon fast wie ein besonderes Ereignis für meine Mutter, die Ziehschwestern und die Dienstboten. Es war schon hübsch lange kein Schulanfänger mehr in der Familie gewesen. Nachher standen sie unter der Haustür und fragten: „Wia wor's denn? Wos hobn s' gsogt za dir? Wos host denn drein in da Toschn?" Meine ältere Ziehschwester, die im Nähen sehr geschickt war, hatte aus dem rupfenen, selbstgemachten Leinen meine erste Schultasche genäht. Hinten hat sie mir etwas hinaufgestickt, mit buntem Ausnähgarn. Und ich habe meine Freude gehabt. In dieser Schultasche hatte ich nun all die Bücher und Dinge, die ich vom Lehrer bekommen hatte. Das war ein Rechenbuch, ein Lesebuch – „Fibel" nannte man das damals – und eine Schiefertafel.

Alle Sachen waren übertragen, nichts neu. Ein neues Buch bekam eins ganz schwer. Da mußten schon beim alten Blätter fehlen oder zerrissen sein, daß es nicht mehr vollständig war. Es wurde auch sehr darauf geachtet, daß die Bücher alle eingebunden wurden. Sonst gab es Strafe. Die Griffelschachtel mußten uns die Eltern kaufen, die Griffeln auch. Es waren viele Kinder in der Schule, so zwischen siebzig und achtzig, alle in einer Klasse.

In meiner ganzen Schulzeit hatte ich drei Lehrer: Das erste und zweite Schuljahr Herrn Rottensteiner, das dritte und vierte Schuljahr Herrn Suppin, die vier nächsten Jahre Herrn Oberlehrer Straka. Er war der Strengste, aber auch der Gerechteste. Was uns gleich am ersten Tag gesagt wurde, war, daß wir ganz ruhig zu sitzen hätten. Tintengläser waren vier in die Bank eingelassen.

Es war alles sehr streng. Die Bücher wurden von Zeit zu Zeit angeschaut, ob sie wohl nicht befleckt oder zerrissen wären. Ungefähr eine Woche nach Schulbeginn hatten wir noch vom Herrn Pfarrer „Die biblische Geschichte" und den Katechismus dazubekommen.

Viele Kinder mußten sieben bis neun Kilometer in die Schule gehen. Die waren oft sehr arm dran. Besonders solche, die im Winter nur schlechtes Schuhwerk hatten. Manche haben, wenn sie in der Schule ankamen, geweint. Mit diesen Kindern, muß ich zur Ehre des Herrn Oberlehrer sagen, hatte er Nachsicht und Mitleid. Sie durften sich ganz nahe an den Ofen setzen, die Schuhe ausziehen und sich wärmen. Auch wenn sie bei schlechtem Wetter zu spät kamen, sagte er nichts.

Mit dem Schulweg hatte ich ja Glück. Die ersten drei Schuljahre hatte ich zwölf bis fünfzehn Minuten. Ab 1919 kam ich mit der Ziehmutter und zwei Ziehgeschwistern ins Bögreingut, weil sie das Oberhofgut ihrem ältesten Sohn Franz übergeben hatte. Da war es noch näher zur Schule und zur Kirche.

Außer dem Lehrer und einer Handarbeitslehrerin kam in der Schule noch der Katechet, der Pfarrer, jeden Tag der Woche eine Stunde. Nur der Samstag bildete da eine Ausnahme.

Gleich am ersten Schultag wurde uns gesagt, daß wir ganz ruhig zu sitzen hätten, nichts reden – außer dann, wenn wir gefragt werden – und die Hände flach auf die Bank legen sollten. Es war alles sehr streng. Es gab Strafen für beschädigte Bücher. Der Rahmen von der Schiefertafel mußte jedes Monat sauber gewaschen sein. Sonst gab es Patzen. Das war mit so einem etwa sechzig bis siebzig Zentimeter langen Staberl, aus Holz, hartem und doch recht biegsam. Es mußte vom Kind die Hand hingehalten werden, und vom Lehrer sausten die Schläge je nach Vergehen des Kindes auf die Hand nieder. Wenn bei Raufereien etwa ein Fenster zerbrochen oder eine Schiefertafel zertreten wurde, gab es Strafen; nicht nur in der Schule, sondern erst recht wieder daheim, denn die Eltern mußten den Schaden bezahlen. Strafen hab ich furchtbar gefürchtet, ganz gleich ob in der Schule oder daheim; ich tat immer das Bestmögliche, um ja nicht bestraft zu werden.

In der Schule gab es nicht nur Strafen vom Lehrer, da kam noch der Katechet. Der durfte den heiligen Zorn haben, und die Kinder wurden oft arg bestraft von ihm, überhaupt die Buben. Die Ministranten galten bei ihm schon mehr. Es waren auch Scheinheilige dabei. Da hatte er keine Menschenkenntnis. Als größte Strafe hat er die Buben hinten am Hals am Haaransatz gerupft. Das tat so furchtbar weh, daß manchen die Tränen über die Wangen liefen. Die Mädchen kamen etwas besser davon. Wir wurden an den Zöpfen gerupft.

Der Pfarrer hatte für uns aber nicht nur Strafen bereit, es gab auch eine Belohnung von ihm – wohl nur für besondere Leistungen. Das waren Fleißbildchen. So kleine, durchsichtige Bildchen mit frommen Versen darauf und allen möglichen schönen Farben. Wenn wir drei solcher Bildchen beisammen hatten, mußten wir sie ihm geben, und wir bekamen dafür ein Heiligenbildchen. Das sei viel wertvoller, hat er uns gesagt. Als besondere Leistung galt es, einige Gesetze aus dem Katechismus womöglich auswendig zu lernen oder bei ganz schlechtem Wetter auch zur Schulmesse zu gehen.

An ein Schulerlebnis erinnere ich mich heute noch genau, und es bewegt mich heute noch sehr: Jedes Kind mußte vor der Noteneintragung ein vom Herrn Oberlehrer angegebenes Lied vorsingen. Nacheinander wurde jedes aufgerufen. Es kam der Berner Seppi dran, der beste Sänger unserer Klasse. Er stand schön langsam auf. Der Herr Oberlehrer gab ihm das Lied „Üb' immer Treu und Redlichkeit" an. Seppi blieb stumm. In der Klasse wurde es so ruhig, daß man eine Stecknadel fallen gehört hätte, so gespannt waren alle, was nun geschehen werde. Ein paar Minuten schaute einer den anderen an, dann fing der Herr Oberlehrer an zu schreiben in seinem Heft. Im selben Moment fing aber auch der Seppi an zu singen: „La, la, la . . ." und so weiter, das ganze Lied lang, denn er hatte den Text nicht auswendig gelernt. So ging es vielen Buben. Den Einser im Zeugnis hat er aber bekommen. Darüber haben wir uns eigentlich alle gefreut.

Unsere Handarbeitslehrerin hat gern länger Schule gehalten. Sie hatte die letzte Unterrichtsstunde und kam mit der vorgegebenen Zeit nicht aus, um den Schülerinnen einzeln alles vorzuzeigen. So wurde es oft halb oder drei viertel vier Uhr, bis wir Schulschluß hatten. Wenn es schon so spät war, stand meine Mutter unter der Haustür, und ich mußte mich sofort umziehen und die Stallarbeit machen, Streu herrichten und einstreuen, das Vieh zur Tränke treiben und dann den Stall und Hof sauber kehren. Wenn ich bald nach drei Uhr heimkommen konnte, durfte ich noch zuerst jausnen; eine Schale Kaffee und ein Stück Brot, aber trockenes.

Nach der Stallarbeit mußte ich Wasser tragen in die

Küche. So zwischendurch bekam ich immer wieder Arbeit aufgetragen, es blieb mir wenig Zeit zum Hausaufgabenmachen. Ich hatte das große Glück, daß ich leicht lernte und daher die Aufgaben in kurzer Zeit bewältigen konnte.

Zu diesen meinen täglichen Pflichten kamen dann in den Sommerferien noch andere Aufgaben.

Kinderarbeit

Auf die Ferien hab ich mich nie gefreut

Es gab schon allerhand an Arbeiten, die ein Kind in diesem Alter tun konnte und auch mußte. So manche davon konnte ich schwer bewältigen. Ich war als Kind wohl sehr gelenkig und flink, aber körperlich nicht stark gebaut.

Da waren zunächst einmal die schon genannten täglichen Pflichten. In den Ferien kamen dann noch andere dazu: Gleich am Anfang der Ferien war Erdbeerzeit; so um Mitte Juli herum. Ganz allein mußte ich am Vormittag so zirka eine halbe Stunde oberhalb unseres Hauses in einen Holzschlag hinaufgehen zum Erdbeerpflücken. Ein Bütscherl mit eineinhalb Liter wurde mir mitgegeben, und das mußte ich bis zum Zwölf-Uhr-Läuten vollpflücken und dann gleich heimgehen. Es waren viele schöne Erdbeeren. Wenn ich recht fleißig war, konnte ich noch welche essen, bis es zwölf Uhr war.

Bei schönem Wetter mußte ich zur Zeit der Heumahd am Nachmittag Wasser tragen, zu den Dienstboten aufs Feld. Das Wasser mußte ich ober dem Haus holen. Das war eine Viertelstunde Wegzeit. Es hieß das Brünnlwasser; ein Wasser direkt an der

Quelle. Zwölf bis fünfzehn Leute waren auf dem Feld, und bei dem heißen Wetter waren sie sehr durstig, und ich mußte immerfort Wasser tragen.

Bei schlechterem Wetter mußten die Mägde den großen Krautacker ausjäten. Das „Gjot" hab ich wegtragen müssen zu den Wurzeln einer nahen Zirbe.

Kinder hatten damals häufig Botengänge zu erledigen; so auch ich. Von Erlebnissen in diesem Zusammenhang möchte ich nun berichten. Ich mußte zum Beispiel einem der ersten Filzmooser Gendarmen die Milch ins Haus tragen. Das mußte abends sein, nach dem Melken. Wegzeit war zirka eine halbe Stunde, und im Winter war's dann stockfinster. Da fürchtete ich mich. Die Krampusse am 6. Dezember waren noch nicht vertrauter Brauch, von den Dienstboten hörte ich aber dennoch schon die Anspielung: „Paß auf, daß dir der Klaubauf nit kimmt!"

Mit den Ketten rasseln, das konnten die Männer schon nicht mehr unterlassen. Die Mutter hörte ich zu den Männern sagen: „Daß ihr mir s' Dianei nit beim Milchtrogn schreckts!" Ich hatte das Gefühl, daß sie genau das vorhatten. Trotz meiner Angst durfte ich dann aber nicht laufen, sonst hätte ich die Milch im Bütscherl verschüttet. Aber heimzu bin ich dann immerfort gelaufen.

Ich wurde auch oft auf den Roßbrand geschickt, wo mein Ziehbruder Leonhard Hüttenwirt war. Dem mußte ich von der Mutter Brot, Speck und Ähnliches bringen. Den Weg kannte ich bald gut. Es gab viele Salamander – überhaupt, wenn das Wetter leicht feucht war; da lagen sie dann „datschig" am Weg. Da hab ich mich dann öfter mit Feuersalamanderschauen aufgehalten, die haben mir gut gefallen.

Ein anderer Botengang war mir recht lieb: die Zeitung zur Großbergbäuerin bringen. Meine Ziehmutter hat eine Zeitung abonniert gehabt, eine landwirtschaftliche Fachzeitschrift. Und wenn sie die ausgelesen hatte, hab ich damit zur Großbergbäuerin, mit der es die Mutter schon allweil mehr gehabt hat, gehen dürfen. Kam aber der Großberg-Sepp vorbei, so hat der sie geholt und bekommen. War das der Fall, dann bin ich ins hinterste Winkerl der Holzhütte und habe geweint, weil ich nicht gehen durfte; denn wenn ich hinaufkam mit der Zeitung, dann ist die Großbergmutter, die auch eine recht gute Mutter war, immer in die Speis hineingegangen, hatte den Honighäfen unter dem Arm, einen Brotlaib mit, den Butterteller – ich kann mich sogar an das schöne Modelmuster dieser Butter auf dem Holzteller erinnern – und hat mir ein Butterbrot gerichtet, Honig draufgestrichen und es mir überreicht. Das bekam ich jedesmal, die hat mich nie mit leeren Händen gehen lassen. Das Butterbrot war mir sicher, und darum bin ich auch so gern dorthin!

Nicht immer bekam ich bei einem Botengang ein Butterbrot. Da war die Enttäuschung groß, vor allem dann, wenn durch unglückliche Zufälle der Hunger besonders stark war, wie damals, nach dem Preiselbeerpflücken, aber das werd' ich später schildern. Da war ich spät nach Hause gekommen, mein Nachtessen war kalt, ich ging also gleich ohne Essen ins Bett.

In der Früh – es war noch nicht einmal richtig Tag, da es im Herbst ja später hell wird – ist die Mutter gekommen und hat gesagt: „Steh gschwind auf, du muaßt in d' Olm einchi gehn; von da Oberhof-Sennarin is gestern Post keman, daß auf unsara Olm a Kaibl kronk is. Du muaßt mit da Orznei gschwind einchi, doß 'n Kaibl ghulfn werdn kou!"

Oh, wieder früh auf und den weiten Weg zur Alm hinein! Die Sennerin war furchtbar erleichtert, als ich mit der Arznei kam, sie unterbrach ihre Melkarbeit und kümmerte sich um das Kalb. Um mir ein Butterbrot zu richten, dazu wird sie keine Zeit gehabt haben; ich bekam nichts und mußte hungriger den Rückweg antreten. Ich kam also sehr lange zu keinem Frühstück.

Außer den geregelten Mahlzeiten gab es nichts zu essen

Es wurde früher weit häufiger gegessen als heute. Aber außer diesen geregelten Mahlzeiten gab es nichts zu essen. Man hat sich nicht einmal ein Brot nehmen dürfen. Es hat geheißen: „Na, na! Wort nur glei, hiatz is nacha eh scho zum Essn!"

Richtig sattessen mit dem von mir so geliebten Butterbrot, dem Moasnbrot sagten wir, konnte man sich nur am Bartholomäustag, dem 24. September. Diesen Tag hatte ich darum lieber als den 24. Dezember.

Meine Mutter gab mir zwar oft etwas, aber ich hab selber gar nicht um ein Essen gebeten, hab mich selber nicht gerührt, auch wenn ich hungrig war. Gegessen hat man, wie gesagt, früher öfter: Das Frühstück war nicht immer um die gleiche Zeit. Es war auch nicht immer gleich ausgiebig. Zur Mahdzeit gab es zum Beispiel ein kräftiges „Muas" zum Frühstück – die Dienstboten hatten ja vorher schon zwei Stunden tüchtig zupacken müssen. Wenn der Morgen graute, begann die Arbeit, und um sechs, sieben Uhr gab's Frühstück. Auch zur Zeit der Holzarbeiten war das so.

Vormittags gab's für das Gesinde eine Jause – ich hatte ein Stück Brot für die Zehn-Uhr-Pause in der Schule mit. Dann die Bauernkost zum Mittagessen. Eine Jause dann um drei, vier Uhr nachmittags. Das Nachtessen war ganz einfach. Meist eine Milchspeise.

Obwohl die Abstände zwischen den Mahlzeiten kürzer waren als heute üblich, tat ich mir als Kind mit dem Warten oft schwer.

An Samstagen mußte ich Feldblumen pflücken für die Gräber auf dem Friedhof. Da hatte ich oft große Angst, weil ich im Sommer bloßfüßig gehen mußte. Wenn ich eine Schlange sah, rannte ich davon, was ich nur konnte, und verlor dadurch die Blumen, und ich mußte wieder anfangen mit dem Pflücken.

Einmal mußte ich mit meiner Schwester Himbeerpflücken gehen. In einen Holzschlag, eineinhalb Stunden von daheim entfernt. Es war kein schönes Wetter. Nebelig und dem Regen nahe. Aber wir gingen los. Für mich war dieser Holzschlag gräßlich: Ich konnte aus den Sträuchern und Stauden nicht mehr drüberschauen, die waren höher, als ich groß war. Große Falfen (Steine) waren da. Am Boden war es rutschig von dem feuchten Wetter, und von meiner Schwester wußte ich bald nicht mehr, wo sie war. Das ganze Sträucherwerk war zu undurchsichtig.

Auf einmal krachte und polterte es ober mir, und aus dem Gestaude kamen riesige Viecher. Ich schrie was ich konnte und wollte flüchten, aber ich flog gleich der Länge nach hin und weinte und schrie nach meiner Schwester und war ganz erschöpft vor Schreck. Als ich bei meiner Schwester war, lachte sie und sagte: „Du dumms Dirndl, des worn do nua Hirsch!"

Aber ich war doch ganz zerknirscht, weil ich einen Schuh verloren hab, der unmöglich mehr zu finden gewesen wäre. Ich ging nicht mehr von meiner Schwester weg und bat sie immer wieder ums Heimgehen. Erst schimpfte sie, auch wegen dem Schuh und daß ich nichts ausrichte beim Beerenpflücken. Auch das Gwanderl hab ich mir zerrissen. Es fing immer stärker zu regnen an, und kalt wurde es; dann ging meine Schwester schon heim. Wir waren bis auf die Haut naß. Beim Weg angekommen, zog ich auch den zweiten Schuh aus. Strümpfe hatte ich ohnehin keine an.

Strafe bekam ich wegen dem Schuhverlieren keine, weil mich meine Schwester in Schutz nahm wegen des Vorfalls mit den Hirschen. Es wurde mir nur gesagt: „So, jetzt kannst in die Kirche gehen auch nicht mehr ohne den anderen Schuh!" An Sonntagen durfte ich nicht bloßfüßig in die Kirche gehen. Nur an Werktagen zur Schulmesse ging's ohne Schuhe. Wie ich mich noch erinnere, war ich froh, daß ich so gut davongekommen bin. Als die Schule wieder anfing, bekam ich Schuhe von einer Magd. Ihr waren sie zu klein geworden. Mir waren sie zu groß, aber ich hatte doch wieder Schuhe.

Die Schrammen am Gwanderl mußte ich zusammenflicken. Fürs Schulgehen nähte mir meine ältere Ziehschwester ein Gwanderl zusammen aus einem weiten Kittl einer verstorbenen Magd. Ich war zufrieden und glücklich darüber.

Im Herbst dann hat mich die Mutter ums Preiselbeerenpflücken geschickt. Das hab ich immer gern gemacht. Einmal hatte ich auch da ein besonderes Erlebnis. Ich hab ein Leinensackerl zum Sammeln mitbekommen und erhielt den Weg beschrieben. Das als Orientierungspunkt angegebene Bacherl und die Markierung zu finden war mir kein Problem. Man hat mir gesagt, ich würde dann unmittelbar am Weg schon Preiselbeeren sehen. So war es auch, es gab viele Preiselbeeren, alles war schon ganz rot davon. Ich hab voll Eifer gepflückt, mein Sack wurde immer voller, und ich verpflegte mich selbst mit Preiselbeeren. Es war ein schöner Tag.

Wenn die Sonne untergeht und man höher oben ist, dann wird es sofort finster. Zu spät wurde ich gewahr, daß es schon dunkelt. Den Preiselbeersack fand ich noch, aber den Steig nicht mehr. Jetzt bin ich hin- und hergegangen, versuchte es am Abhang oben und unten – ohne Erfolg.

Ich gelangte immer wieder in ausweglosues Gebüsch. Nun war ich ratlos! So ging ich bergab, denn unten, so hoffte ich, würde ich irgendwann einmal auf eine vertraute Gegend stoßen. Dabei kam ich in den Wald – dort war's noch finsterer. Von einem Baum zum anderen mußte ich mich dahintasten. Ich hoffte, nur ja in keinen Graben zu geraten. Ich hatte das Gefühl, daß es endlos dauerte, bis ich an eine lichtere Stelle kam. Der Wald hörte auf, ich kam in eine Leitn hinein. Über diese Halt bin ich auch gerade abwärts, kam schnell nach Hachau, wo ich mich dann wieder auskannte; als ich in ein Scharlfeld, eine Wiese, hineinkam, war mir dann schon leichter, ich kam zum Scharlbauer und schließlich auf den Hachauer Weg.

„Nun ist es nicht mehr so schlimm", dachte ich und bin mit dem Sack auf dem Buckl nach Hause – um Mitternacht kam ich an. Um zehn, halb elf Uhr vormittags war ich weggegangen. Kein Mensch war im Haus noch auf, es war alles finster. Ich wußte, daß mein Nachtmahl im Rohr sein mußte. Das war aber schon kalt, hat mir also nicht mehr so geschmeckt. Ich stellte meinen Preiselbeersack auf die Bank hin und legte mich dann auch zu Bett.

Kirchenfeste

Also um sechs Uhr schon in der Kirche sein!

Was den Kirchgang anlangt, so mußten die Kinder, die nahe der Kirche wohnten, an den Festtagen und auch sonntags zur Nachmittagsandacht gehen. Das war um zwei Uhr (14 Uhr) Rosenkranz und Vesper; Dauer dreißig bis fünfundvierzig Minuten.

Auch mit meiner Mutter ging ich weiterhin gemeinsam zur Kirche. So mußte ich in der Adventzeit jeden Tag, außer Sonntag, mit ihr zur Rorate gehen. Die fing schon um sechs Uhr früh an und dauerte bis sieben Uhr. Es war ganz finster beim Aufstehen und oftmals so kalt. Die Schlafkammern waren sowieso sehr kalt, das ganze Haus war kalt, und erst in der Kirche war es kalt. Also um sechs Uhr schon in der Kirche sein!

Nach dem Amt – das Amt dauerte länger als eine Messe – ging es sofort heimzu, Frühstück essen, etwas Geschirr abwaschen und dann gleich in die Schule. Meine Füße waren ganz rot und bläulich, und wenn sie warm wurden, haben sie fürchterlich gejuckt. Darunter litt ich sehr. In der Schule mußte ich ruhig sitzen, und die Zehen, Sohlen und Fersen juckten, und wenn ich in der Pause gekratzt habe, fingen sie an arg zu schmerzen. Das fürchtete ich jeden Winter um diese Zeit sehr.

Das Besondere an Weihnachten war eigentlich die Krippe in der Kirche

Auf Weihnachten hab ich mich nicht gefreut. Es gab wohl etwas Besseres zu essen, Geschenke gab es nicht. Auch keinen Christbaum. Am Heiligen Abend wurde alles so gemacht, wie es schon so oft beschrieben wurde. Mit Weihrauch herumgeraucht und mit Weihwasser gesprengt in Haus und Stall und nachher eine Stunde gebetet.

Zum Essen gab es dann einen Rosinen-Nudl mit Schlagobers. Das gab es nur an den drei Rauhnächten. Nachher wurde in der Biblischen Geschichte gelesen. Ich schlief dann meist ein, wurde wieder geweckt, um mit den anderen in die Mette zu gehen um Mitternacht.

Am Weihnachtstag-Mittag wurde auch besser gegessen. Zuerst Fleischsuppe, dann Bratknödel vom Faschierten, Schweinsbraten und nachher Krapfen. Ich war jedesmal froh, wenn diese Zeit um war. Im Jänner war auch die Rorate nicht mehr, dann mußte ich doch erst um sieben Uhr in die Schulmesse gehen. Diese finstere Zeit mochte ich nie.

Das Besondere an Weihnachten war eigentlich die Krippe in der Kirche. Es war eine richtige Bergkrippe. Für unser damaliges kleines Gebirgsdörflein eine genau passende, schöne Krippe.

Am 21. Dezember wurde vom Mesner-Lippei die Krippe vom Dachboden der Kirche auf den Marien-Seitenaltar gebracht. Erst war's ziemlich leer in der Krippe. Die Häuserl waren an ihren Plätzen und ganz groß die Stadt Bethlehem. Der Stall herunten am Boden der Krippe war noch ganz leer, bis zum 24. Dezember. Da war dann um vier Uhr nachmittag ein Rosenkranzgebet, und anschließend wurde am Chor das Lied „Wer klopfet an" gesungen. Darauf kam das Jesuskind in die Krippe im Stall, Maria sitzend und Josef stehend dazu und der Ochs und der Esel und vor dem Stall die Hirten mit allen Schäflein groß und klein, Kühen, Kälbchen und noch allerhand anderes Getier. Auch ein Brunnentrog fehlte nicht.

Jedes Jahr freuten wir Kinder uns, dies alles zu betrachten. Zu Neujahr wurde die Beschneidung des Jesuskindes dargestellt. Das Kind lag nicht mehr in der Krippe, sondern auf einem Tisch, Maria und Josef standen dabei und noch ein paar andere Figuren. Hohe Priester oder so ähnlich nannten sie diese. Auch ein paar Tauben in einem Körbchen standen daneben. Unter dieser Darstellung konnte ich mir wenig vorstellen. Aber am 6. Jänner kamen die Heiligen Drei

Könige mitsamt ihrem Gefolge: Elefanten, Kamele und Rösser. Da wurde es schon voll in der Krippe. Die Hirten mit den Schäfchen und alle anderen Viecher mußten zur Seite weichen. Es wurde immer interessanter. Die Weihnachtsferien waren aus, und wir Schulkinder waren fast jeden Tag zur Mittagsstunde in der Kirche Krippe schauen.

Zum Schluß wurde noch die Hochzeit von Kanaan dargestellt. Na, da wurde es lustig! Für die Hochzeitstafel mußte doch allerhand aufgetischt werden. Dazu machte die Mesner-Lisei ganz kleine Kekse, Kuchen und Brötchen. Auch die Weinkrüge standen da. Festlich gekleidete Gäste saßen an der Tafel.

Aber nun fing der Schabernack der Schulbuben an. Die haben von den guten, wenn auch sehr kleinen Dingen gestiebitzt. Da gab's dann Krach mit der Mesner-Lisei. Sie kam zur Schulklassentür, machte einen Spalt auf und malefizte, was sie nur konnte: „Ös Lausbuam, ös nixnutzign! Ös werds es scho no büaßn miassn! En Jesas olls wegstöhln, a so a Schweinerei! Glei geh i umi zan Pforra und sog eams! Lossprechn soll er enk neama von enkare Todsündn, nacha kummts glei scho in d' Höll!" Nach weiterer Malefizerei war sie weg und husch bei der Pfarrhoftür hinein.

Es gab aber gar keine argen Strafen dafür. Das aufgeregte Lisei kannte ein jeder. Der Herr Oberlehrer schmunzelte, sobald das Lisei wieder weg war, und der Pfarrer hat wohl gefragt, welche die Missetäter wären, aber das war natürlich keiner! Ein etwas Vorlauter sagte einmal, da hätten wohl die Kirchenmäuse Hochzeit gehalten. Der wurde dann schon am Haaransatz gerupft.

Einige von uns Dirndln wollten in der Mittagsstunde das Lisei trösten gehen. Sie hatte ihre Wohnküche im Schulhaus. Sobald wir die Tür aufmachten, sausten drei, vier Katzen vom Tisch und versteckten sich auf Kästen und Blumenstellagen und unterm Bett. Sie tat zuerst ganz traurig und beleidigt, aber wir sagten ihr, sie solle sich wegen der lästigen Buben nicht kränken und daß wir daheim bitten würden, daß wir für sie und den Lippei was bekommen, das wir ihr dann gleich morgen bringen würden. Bald lachte's Lisei wieder und hatte zum größten Teil ihren Verdruß vergessen.

Wenn ich darum gebeten habe, bekam ich von der Mutter jedesmal etwas für die beiden. Auch andere Dirndln brachten etwas. Dem Lisei wurde dann einmal gesagt, sie solle für die Krippenbäckerei anstatt Zucker Salz verwenden. Das tat sie, dann gab es keine Kirchenmäuse mehr. Darüber hat sie sich gefreut.

So bleiben mir diese ehrlichen, bescheidenen Leutchen fürs ganze Leben im Gedächtnis. Lisei und Lippei waren Geschwister. Kleine, unscheinbare Persönchen. Lippei versah ganz pflichtbewußt den Mesnerdienst. Lisei füllte Weihwasser nach bei den Gräbern und verrichtete noch so Kleinigkeiten. Wenn sie in Ruhe gelassen wurde, ging es ganz gut mit ihr. Spaß durfte sich mit ihr keiner einen machen, sonst kam sie aus dem Häuschen.

Ein Bauer, ein ohnehin schon etwas älterer, konnte es nicht lassen, 's Lisei ab und zu zu sekkieren. Lisei mußte, um in die Kirche zu kommen, über den Kirchplatz gehen. Hier standen die Bauern herum, um ihre Geschäfte auszumachen. Den besagten Bauern sah sie schon ganz schief und böse an, das reizte diesen erst recht dazu, ihr zu sagen, was sie nicht hören wollte: „Lisei, host in da Nocht scho wieda Unkeischheit triebn, wal 's Wetta scho wieda so schiach wordn is?" – Oder: „Host scho wieda a so an kurzn Kittl on, doß ma d' Knia siacht! So unkeisch sein, pfui, scham di!"

Bei solchen Reden konnte sie aus der Haut fahren. Wütend schimpfte sie drauflos: „Du Höllotter, du schiacha! In d' Höll kimbst, du Fock, du Saustoll, du Luzifer!" Sie konnte gar nicht mehr aufhören, in der Kirche schimpfte sie noch halblaut weiter. Die Bauern lachten darüber. – Kittel hatte sie nur knöchel-, wenn nicht gar bodenlange.

Weiße Kleider gab es damals überhaupt noch nicht

Nicht nur Weihnachten, auch der Tag der Erstkommunion verlief für mich ganz anders, als sich das heute ein Kind erwarten würde: Ich erinnere mich, wie wenn es gerade Gegenwart wäre, an den Tag, an dem wir – die 1910 Geborenen – die Erstkommunion hatten. Zur damaligen Zeit war es immer der weiße Sonntag, also der erste Sonntag nach Ostern.

Eine Viertelstunde vor dem Hochamt mußten wir im Schulzimmer zusammenkommen, weil wir von der Blasmusik in die Kirche begleitet wurden. Es beutelte mich vor Kälte, es hat geschneit an dem Tag. Wahrscheinlich war ich nicht warm angezogen. Weiße Kleider gab es damals bei uns überhaupt noch nicht. Oder etwa gar weiße Schuhe! Da war eines schon glücklich, wenn es sonst ein neues Kleidchen gab. Auch ein Manterl war selten.

Von da ab mußten wir dann jeden Monat beichten und kommunizieren gehen. Aber schon vorher hieß es immer: „Der Himmelvater sieht und weiß alles!" – Oder: „Dies und das ist eine Sünde oder gar eine Todsünde, und du kommst in die Hölle", so wie es mir die Pfarrer-Nanni prophezeit hatte.

Die Hölle wurde mit furchtbaren Gestalten belebt geschildert. Dann die Erzählungen vom unheimlich schrecklichen Feuer mit dem gräßlichen Geschrei der

Verdammten. Zugehört habe ich den Drohungen ganz gespannt, aber mir kamen jedesmal wieder die Gedanken, schon im kindlichen Alter, daß das alles nicht wahr sei. Nur sagen durfte man das beileibe nicht, sonst wär's schon wieder eine Sünde gewesen, oder es hätte gar Strafe gegeben.

Beichten gehen, das war auch nicht meine Stärke. Viel lieber habe ich meine Sünden den Heiligen am Hochaltar in der Kirche anvertraut; da war ich mir viel sicherer als bei einem Menschen, auch wenn es der Pfarrer war. Zeit hatte ich auch genug, alles den Heiligen zu sagen. Der Beichtstuhl war hinter dem Hochaltar. So viele Kinder mußten anstehen, um dann eines nach dem anderen in den Beichtstuhl zu gehen, wenn das vorherige herauskam. Die Kinder, die unweit der Kirche zu Hause waren, kamen zuletzt dran. Unter diesen war auch ich. Ich hab dann schnell vom Beichtspiegel Auswendiggelerntes heruntergesagt, denn ich war schon vorher mit den Heiligen, besonders mit St. Barbara, handelseinig.

An den Festtagen und auch sonntags mußten wir Schulkinder nahe der Kirche zur Nachmittagsandacht gehen. Das war um zwei Uhr, Rosenkranz und Vesper, beides dauerte dreißig bis fünfundvierzig Minuten. Im Winter bei der Rorate wurde mir oft sehr kalt, vor allem in den Füßen. Es war ein Steinboden in der Kirche.

Der Pfarrer zu Besuch

Is 's Dirndl brav in da Schul?

Die Ziehmutter hat es furchtbar gern gesehen, wenn der Herr Pfarrer zu Besuch kam und bei uns einkehrte. Ging er vorbei, war sie beleidigt. Mir hat es nicht soviel gemacht. Er bekam das Beste vom Besten, wenn er auf Besuch kam; das, was wir halt sonst nie gekriegt haben.

Einmal war er im Bögrein auf Besuch, die Groß-berg-Kath war auch da, eine recht lustige Person, die die ganze Gesellschaft unterhalten hat. Ich war auch da, mehr als „Nebensache" für die Erwachsenen. Ich selbst hab den Besuch auch nicht gar so geachtet, denn die erste Frage der Mutter an den Pfarrer war immer: „Is 's Dirndl brav in da Schul?" Oder: „Lernt s' iba-haupt?" – Und dann wurde über mich geredet. Ich war, wie gesagt, Nebensache, sie haben sich gut un-terhalten, auch der Herr Pfarrer.

Das Nachtmahl war schon gekocht, das stand fertig am Herd. Sauerkraut und Suppe mit „Foafl" und Schottsuppe. Und ich einen Hunger! Ich dachte mir ständig: „Wie lange sitzen denn die noch beinander? Wie soll ich denn zu etwas kommen mit meinem Hunger?"

Worüber sie sich unterhalten haben, das weiß ich nicht. Für mich stand der Hunger im Vordergrund. An keinen Löffel konnte ich heran – die waren ja in der Tischschublade drinnen. „Und die hören nicht auf!" dachte ich. „Wenn ich wenigstens einmal ein wenig Kraut essen könnte!" Und weil ich keinen Löffel hatte, hab ich angefangen, mit den Fingern mir ein wenig Kraut aus dem Häfen zu zupfen. Die haben auf mich eh nicht geachtet. Bald war ich mit allen meinen Gedanken bei der Krautesserei. Und auf einmal schreit die Mutter: „Dirndl!"

Um Gottes willen! Ich beim verbotenen Krautessen, und die knieten alle um den Pfarrer beim Weihwas-serkessel drüben bei der Tür, weil er ja immer am Schluß allen den Segen gab. Ich bin dann schnell auch hingekniet – mitsamt meinem Kraut im Mund – und spürte das Weihwasser auf meiner Stirne von seinem Segen. Dann haben sich alle verabschiedet, und ich hatte Angst und Herzklopfen, weil ich die Folgen meines Vergehens jetzt schon fürchtete.

Die Mutter hat dann gesagt, daß sich das nicht gehört, und die Kathl hat überraschenderweise Fürsprache eingelegt für mich und hat gesagt: „Aber Muatta, schimpf's net, 's Dirndl, sie hot's net schlecht gmoant! Sog ma hiaz dafia za ihr Krauterin!" Ich dachte mir: „Sagen könnt ihr wohl, was ihr wollt. Bin ich halt die Krauterin, wenn ich bloß nicht gestraft werde!" Jetzt wurde dann endlich gegessen. Die Kathl hat sich auch dazugesetzt, Kraut war allerdings nicht mehr ausreichend vorhanden. Ich hab keines mehr gegessen. Die anderen lachten beim Krautessen sehr. So hat sich wieder einmal alles recht glimpflich geregelt.

Die erste Bahnfahrt

Zwei große, grelle Augen,
mit Gerumpel und Getöse und Pfauchen

Ein Kindheitserlebnis werd ich wohl nie vergessen: Meine erste Bahnfahrt! Ich durfte mit meiner Ziehmutter ins Stadtl, nach Radstadt hinaus, fahren. Mein Bruder Georg hatte vorher schon vom Zugfahren erzählt. Ich hatte ihm begeistert gelauscht und desgleichen unserer Magd Afra, die Tochter eines Bahnbediensteten war und mir erzählte, was ihr Vater alles machen müsse, wenn die Züge fahren.

„Wonn gonz vurn 's Dompfroß kimmt", sagte sie, „donn schittlt's 'n Bodn und keicht und dröhnt und pfeift." Sie konnte das alles so gut nachahmen. Da hörte ich schon respektvoll zu. „Najo, a Eisnbohnerstochta is mit den aufgwochsn", sagte sie. Aber mir war das fremd.

Auf einmal sagte meine Ziehmutter, ich dürfe mit ihr nach Radstadt fahren. Oh, wie war ich glückselig! Sie nehme mein Sparbüchl mit und lege das Geld ein. Etwas Geld gab's manchmal für ganz besondere Leistungen oder wenn mir jemand zugetan war und mir ein paar Kreuzer schenkte. Das waren mein vermeintlicher Vater und unser erster Moaknecht, der mir von seinem Jahreslohn zu Lichtmeß ein paar Kreuzer gab. An diesem Tag gab mir auch die Ziehmutter, wenn sie alle Dienstboten ausbezahlt hatte, ein wenig Geld. Wieviel es war, weiß ich nicht mehr. Anscheinend hab ich nicht soviel vom Geld gehalten.

Ich mußte sowieso wieder alles meiner Ziehmutter geben, und sie tat es dann in meine Sparbüchse. Von dem Geld sah ich nie wieder etwas, denn durch die Inflation wurde es später wertlos. Das Geld, das meine Ziehmutter zu Lichtmeß brauchte, hatte sie sich schon einige Wochen vorher zusammengerichtet. Ich durfte ihr schon beim Rechnen helfen. Das tat ich so gerne.

Also, ich durfte nach Radstadt fahren . . .

„Oba 'n Lehrer muaßt frogn, obs d' vo da Schul ausbleibn derfst!" sagte die Mutter. Ich ging zwar sehr gerne in die Schule, aber wenn es ums Zugfahren ging, was war da wichtiger? Auch hatten wir Kinder zur damaligen Zeit riesigen Respekt vor Lehrpersonen, ich mußte also allen Mut zusammennehmen und spüre fast heute noch das Herzklopfen, das ich hatte, als ich den Lehrer um den schulfreien Tag fragte. Der Lehrer hielt sehr viel darauf, daß wir täglich in die Schule gingen; das galt vor allem für die Schulnahen. Ja, der Lehrer erlaubte es mir . . .

„Zugfahren dürfen!" hämmerte es in meinem Kopf. Gleich als ich von der Schule heimkam, richtete ich mein Kleidchen her, ich durfte das Sonntagskleidchen anziehen. Drei Gwanderln hatte ich: das Werktagsgwanderl, das Schulgwanderl und das Sonntagsgwanderl. Nach der Schule mußte ich sofort das Werktagsgwanderl anziehen. Das Sonntagsgwanderl war nur für Sonntag zum In-die-Kirche-Gehen. Das Zugfahren nach Radstadt bildete eine Ausnahme.

Fein säuberlich legte ich alles auf einen Stuhl, und am Abend bat ich die Mutter, daß ich diese Nacht bei ihr im Bett schlafen darf. Auch das durfte ich, denn sie sagte, es ist ganz früh zum Aufstehen.

Ich wurde sofort wach, als ich die Mutter hörte: „Es ist Zeit zum Aufstehen!" Gleich war ich aus dem Bett. Frühstück konnte ich keines essen. War es, weil es so zeitig in der Früh war, oder ist es Aufregung gewesen?

Es war ganz finster, als wir losmarschierten, mit einer Petroleumlaterne eineinhalb bis zwei Stunden Fußmarsch zur Bahnstation Mandling. Es war ein schlechter Weg über glitschige Brücken und Wasserlachen. Nebenan toste und brauste der Wildbach. Mir wurde ganz schauerlich zumute. Wenn die Mutter etwas zu mir oder ich etwas zu ihr sagte, verstanden wir uns nicht. Am äußeren Teil wurde es besser. Der Weg war nicht mehr steil und der Bach nicht mehr wild.

Nun kamen wir zur Bahnstation. Die Mutter wikkelte die Laterne in Papier und tat sie in die Tasche. Auf der Station brannten ein paar Lampen, aber es war noch immer ganz finster. Es muß wohl Spätherbst gewesen sein. Die Mutter kaufte die Zugkarte, und „für das Kind eine halbe", sagte sie dem Mann am Schalter. Es war noch eine kleine Weile zu warten, dann kam der Zug. Ich war furchtbar aufgeregt. Ich dachte an Afra. Zwei große grelle Augen, mit Gerumpel und Getöse und Pfauchen. Ich hielt die Mutter krampfhaft bei der Hand und zitterte wie Espenlaub im Wald. Es rann mir ein Schauer durch das Körperl. Aber nun hinein – los ging die Fahrt. Gleich hat es mir gefallen, und zu bald waren wir in Radstadt. Ich wäre noch gerne weitergefahren. „Nun aussteigen!" sagte die Mutter, und hinauf ging's über das Stiegerl in die Stadt. Erklärend sagte sie zu mir: „Weil's no so fruah is, is no neamd auf!" Es wurde erst ganz langsam Tag.

Wir gingen in die Klosterkirche, wo gerade eine Messe anfing. Während der Messe ging die Mutter beichten, ich mußte auch gehen, weil da waren immer, derweil ein Pater die Messe hielt, andere Patres im Beichtstuhl drinnen. Auch zur Kommunion gingen wir. Ich war ja noch nüchtern. Das mußte man sein, wenn man zur Kommunion ging. Nach dieser Messe fing gleich eine nächste an. Bei dieser blieb die Mutter auch noch. Mir wurde so kalt, es hat mich richtig abgebeutelt. Erst vor der darauffolgenden Messe ging die Mutter aus der Kirche.

Nun gingen wir zur Sparkasse. In diesem Raum war es wärmer. Nur ein Mann war drinnen. Die Mutter gab ihm das Büchl und die Sparbüchse hin, und sie hatte auch sonst noch allerhand mit ihm zu reden. Der Mann hatte einen spitzen Bart, war mager, aber groß. „Rock und Hose hat er ganz anders als die Mannerleut daheim", dachte ich mir.

Nach einer Weile gingen wir zu einem Schuster. Der hatte auch neue Schuhe herumstehen. Die hätten mir wohl sehr gefallen. Die Mutter kaufte bei ihm Schuhzubehör. „Da Schuasta kimmt auf Stör", sagte sie. Es waren einige Sorten Nägel – Mausköpferl, Breitkopf, Flügelnägel und wie die alle hießen – und ein ganzes Sackerl Holzstifterl. Sie zahlte, und wir gingen zum Lederer. Das lag etwas außer der Stadt. Am Weg dorthin gab sie mir ein Brotstücklein. Auch sie aß eines. Sie hatte das Brot von daheim mitgenommen.

Also beim Lederer, Mutter kannte ihn, ich auch. Er kam ab und zu zum Heimhof hin, Häute kaufen. Eine ganze Kraxe voll hat er meist mitgenommen. Die Mutter sagte ihm, daß das Leder viel zu teuer sei, weil er für die Häute gar nicht so viel bezahle. Aber er konnte sich sehr gut ausreden, warum das so ist. Sie nahm Sohlenleder, Oberleder, Sauleder und noch so Zeug dazu. Er hat alles zusammengerollt und der Pack war hübsch schwer. Den Sohlenlederfleck mußten wir extra tragen, denn der war zum Rollen zu steif. Gezahlt hat sie ihm nichts. Sie haben ausgemacht, daß er sich wieder die Häute holt.

„Nun gehen wir zum Wirt", sagte die Mutter. Oh, wie hab ich mich gefreut. Ich hatte schon großen Hunger, und in einer Wirtsstube war ich noch nie gewesen. Bald waren wir da, und sie bestellte Würstelsuppe. Es dauerte nicht lange, und die Suppe war da. Oh, die schmeckte mir so gut. Ich war ganz glücklich und zufrieden. Es war so herrlich warm in der Stube. Bald kam auch der Wirt herein. Ein großer, starker Mann. Die Mutter kannte ihn gut, ich auch. Er war Gastwirt, Viehhändler und Fleischhauer. Die Mutter hatte viel mit ihm zu reden. Ich hatte derweil viel zu schauen. Was es da in der Stube alles gab. Große Hirschgeweihe – Hirsche, die mich im Sommer so sehr schreckten –, Gamsköpfe, Rehkrickerl, Vögel, große und kleinere; und noch andere Viecher: Eichkatzerl, Murmeln (Murmeltiere), Igel und noch so manches andere. Für mich waren das Neuheiten. Daheim gab es nur Heiligenbilder oder Statuten. Wir waren eine Zeitlang da, und bevor wir gingen, gab der

Wirt der Mutter Geld. Oh, der hatte eine dicke Geld-
tasche!

„Nun noch zum Kramer", sagte die Mutter. Heute
sagt man Kaufgeschäft, Supermarkt. Die Tür war zu-
gesperrt. Die Mutter klopfte an, und bald schaute der
Kramer ein bißl bei der Tür heraus. Als er die Mutter
sah, machte er sofort auf. Er war schon ein älterer
Mann. Die Mutter kannte ihn gut, ich nicht. Sie haben
ganz heimlich miteinander geredet. Er huschte im
Laden herum und hat immer wieder ein Packerl in
Mutters Tasche gesteckt. Es war sonst niemand im
Laden. Der Mutter flüsterte er etwas ins Ohr und
schaute immer wieder zur Tür hin. Auch die Mutter
steckte ihm ein Packerl zu.

Als wir gingen, war die Tasche ganz schön
schwer. Mutter zahlte, und er ging dann mit uns
durch einen Gang zu einer Hintertür. Wir kamen
auf einer anderen Seite hinaus ins Freie. Es wäre
schon bei einigen Auslagefenstern ein bißl was zu
sehen gewesen: Spielwaren, Puppen und auch schon
Teddybären. Ich wollte schauen, aber die Mutter
sagte, wir müßten gleich auf den Bahnhof, sonst fahre
uns der Zug davon. Also hinunter beim Metzgerloch
zum Bahnhof (Metzgerloch ist ein finsterer Gang
zwischen Häusern. Jedesmal, wenn ich durchgehe,
denke ich an das erstmalige Durchgehen). Ganz
schnell waren wir am Bahnhof, und es kam schon der
Zug.

Ich war schon gefaßter, und es sah nicht mehr so
schrecklich aus wie in Mandling in der Finsternis.
Bald waren wir wieder in Mandling. Der Fußmarsch
nach Filzmoos stand uns bevor. Mutter trug die
Tasche, ich den Lederpack. Oh, der wurde mit der
Weile schwer. Mutter tröstete mich, daß der Tonei,
mein jüngster Ziehbruder, uns entgegenkommen
werde und ich dann den Packen schon loswerden

würde. Ich schupfte ihn von einer Hand in die andere, und immer schwerer wurde er mir.

So am halben Weg kam uns der Tonei entgegen. Er nahm der Mutter die Tasche ab. „Deinen Pack kannst schon weitertragen!" sagte er. Wie war ich verzweifelt! Der Pack lag neben mir am Boden, und die beiden gingen weiter. Ich schrie und weinte, und als sie um die Wegbiegung gingen, lief ich ihnen nach und hinderte die Mutter am Gehen. Die Mutter sagte zum Tonei: „Na, jetzt fux 's Dirndl net mehr!", und er mußte um den Pack zurück. Es war dann aber bald wieder Einigkeit. Streckenweise trugen Mutter und ich die Tasche zusammen, jede an einem der beidseitigen Träger.

Tonei war zehn Jahre älter als ich. Er mußte auch schon zur Musterung, wurde aber als nicht tauglich befunden, weil er als dreijähriges Kind unter ein Kaiblgatter gekommen ist und von daher eine Kopfverletzung hatte. Er war sonst ein starker Bursche.

Etwa eine Viertelstunde vor dem Heimathaus zerriß die Schnur vom Lederpack, und wir trugen noch die einzelnen Stücke bis zum Haus. Es wurde schon gleich finster, als wir daheim waren, und ich war so müde. Zum Essen gab's eine Milchsuppe und dann gleich ins Bett.

Am anderen Tag sagte meine Ziehschwester, daß ich sehr unruhig geschlafen hätte und sogar aufgestanden sei und in der Kammer herumgetappt. Sie habe mich dann wieder ins Bett befördert. Davon wußte ich gar nichts. Nur wurde ich früher wach, als ich aufstehen mußte. Mir war so kalt, und die Decke lag am Boden.

An dem Tag war mir auch in der Schule immerzu kalt. Einige Schulkinder haben viel gefragt, wie alles war bei der Zugfahrt. Am drauffolgenden Tag ging es mir gar nicht gut. Als ich geweckt wurde und aus dem

Bett wollte, wurde mir schwindlig, und ich mußte wieder ins Bett zurück. Dann weiß ich nur noch, daß mich die Mutter in das Bett in ihre Stube brachte. Da war es warm. Dann weiß ich nichts mehr, was weiter war. Habe ich bis zum anderen Morgen geschlafen? Bin ich bewußtlos immer mit dem Zug gefahren? Ich konnte immerhin aufstehen und zur Schule gehen. Es sagte der Lehrer nichts und auch die Kinder nicht viel. Nur ein Nachbarbub in meinem Alter sagte zu mir: „Du bist wegen Zugfohrn kronk woan! Oba dös woaß i heint scho: Mit an Zug fohr i mei Lebtog nia!" Der Arme ist im Zweiten Weltkrieg gefallen.

Anscheinend habe ich meine erste Zugfahrt doch nicht verkraften können. Meine Nerven werden zu schwach gewesen sein. Es war das alles unterm Ersten Weltkrieg, wo es ohnehin so schmal zuging. Ich erinnere mich gerade, wie ich auf den Stufen der Stiege im Vorhaus saß, ein Brotstück von selbstgemahlenem Hafer in der Hand. Ich hatte Hunger und weinte dabei, weil das Brot so spießig war und ich es durch den Hals nicht und nicht runterbrachte. Wenn ich mich sehr anstrengte, es zu schlucken, dann würgte es mich, und alles war wieder da. Diese Erinnerung ist mir wie eingemeiselt! Ich sehe mich heute noch dort sitzen und weinen mit dem Brotstückerl in der Hand. Die Erwachsenen haben das Brot leichter geschluckt. Mit den Bauernmühlen früher konnte der Hafer nicht feiner gemahlen werden.

In der Weiberleutkammer

Ich mußte mir alles selber zusammenreimen

Gegen Kriegsende, in der letzten Zeit also, die ich auf dem Oberhof verbrachte, mußte ich schon in der Weiberleutkammer schlafen. Ich war so neun Jahre alt, hab aber dennoch schon mitgekriegt, daß sich Knechte und Mägde in ihren Kammern besucht haben. Ich mußte mir zwar damals alles selber zusammenreimen, aber bemerkt hab ich's schon. Lang war ich in der Weiberleutkammer nicht, keine Jahre. Die anderen dachten sich da nichts dabei, meinten eben: „'s Dirndl schlaft eh!" Aber 's Dirndl hat nicht geschlafen.

Sie sind angeschlichen gekommen, die Männer, weil heimlich mußte die Sache schon sein. Die Dienstboten selber waren schweigsam, haben zusammengehalten, und 's Dirndl hat auch nichts gesagt! Davor hab ich mich sehr gehütet. Ich hab schon mitgekriegt, was gespielt wird und was los ist – aber nichts, kein Wort hätte ich je darüber geredet!

Die Magd Afra war's, die mich dann näher eingeweiht hat. „Der is ba mir gschlafn", hat sie gesagt, weil sie einen von ihnen ein bißl lieber gehabt hat. „Brauchst dir nix denkn dabei!" hat sie zu mir gesagt, weil ich mir das als Kind so schrecklich vorgestellt habe. „Hast es eh ghört? Hast es bemerkt?" fragte sie. „Na, i hob gschlofn, hob nix ghert, nix gmerkt", sagte ich. Das war mir viel lieber, als ich hätt' darüber geredet. Ich hab auch der Mutter nichts gesagt, die vielleicht gern gewußt hätte, ob ich was mitkrieg' oder gar weitererzähl'. Ich dachte: „Ich sag' am besten niemandem was."

Die Bäuerinnen haben schon geschaut, daß immer

60

Ruhe bleibt. Es war immer furchtbar zuwider, wenn's etwas gehabt hat, auch bei anderen Bauern. Der Mutter wär's auch nicht recht gewesen. Drum hab ich mir gedacht: „Da mußt du höllisch aufpassen, daß du nichts verratest." Und war immer schön still. Aber gegeben hat's das schon. Es sind früher genau die gleichen Leute gewesen wie heute, und ein Mensch ist einfach ein Mensch.

Nur eines kam mir als junges Dirndl auch schon blöd vor: daß das so heimlich sein mußte. Das hat mich bedrückt, denn wenn's irgendwie aufkam, die haben mit dem Finger gezeigt auf die Betreffende, so verpönt war das. Die Mutter war eine gütige Frau, aber damit sie nicht von den anderen Leuten die Nachrede hatte, hat sie halt auch streng Obacht gegeben, daß das zumindest nicht irgendwie ausgeartet hat. Darum waren die Liebschaften eigentlich nicht zwischen den Dienstboten am Hof, sondern es klopften die „Ihrigen" ans Fenster der Mägde, die sie später geheiratet haben.

Kriegsende und Heimkehr der Ziehbrüder

Franz nahm mich oft mit

Als der Krieg zu Ende war, ist im Jahre 1919 mein ältester Ziehbruder, der Franz, von der Kriegsgefangenschaft heimgekommen. Ich hatte ihn immer sehr gern gehabt. Das hat sich durch die lange Zeit, die er – nur von kurzen Fronturlauben unterbrochen – im Ersten Weltkrieg gewesen war, nicht geändert. Ich hatte ihn nach dem Krieg genauso gerne wie vorher, er mich auch.

Da er durch den Krieg und die Gefangenschaft sehr

schlecht aussah, mager war und keine Kraft hatte, hat ihm die Mutter gut zugeklaubt; er bekam oft ein besseres Essen als die anderen, für sich allein. Ich durfte dann immer mit ihm mitessen. Wenn ich gerade nicht da war, hat mich Franz gesucht. Umgekehrt war es auch so, daß Franz nicht zum Essen kam. Ich suchte ihn, konnte ihn aber ab und zu nicht finden. Das war meistens abends. Da bekam er ein gutes Koch. Grund dafür, daß er nicht kam und ich ihn nicht fand, waren Uneinigkeiten am Tag zwischen ihm und der Mutter wegen der Gutsübernahme. Vom Koch bekamen dann die Geschwister.

Franz nahm mich oft mit, wenn er irgendwo gearbeitet hat, so auch beim „Samführen". Zur damaligen Zeit war es üblich, daß von der Alm so zirka alle zwei bis drei Wochen Butter, Käse und Schotten heimgefahren wurden. Es hieß das Samführen. Ich freute mich besonders, wenn Franz mich da mitnahm, denn von der Sennerin Plonl bekam ich das von mir so sehr geschätzte Butterbrot; auch Käse und Milch. Ja, da haben wir jedesmal gejausnet, der Franz und ich.

Vor dem Krieg waren zwei schöne Noriker-Rösser auf dem Hof. Die mußten aber auch bald einrücken. Es gab dann nur die Zugochsen. Nach dem Krieg bekam meine Ziehmutter ein Kriegsroß von irgendwo her. Es war ein Schimmel. Mit diesem Schimmel hat Franz Sam geführt. Ein Samwagen wurde zu diesem Zweck hergenommen, es war ein leichtes Gefährt. An sich gab es auf dieser Fahrt nie Schwierigkeiten, bis auf ein einziges Mal. Damals saß ich so mitten im Wagen auf einem Kübel. Franz ging nebenher. Das Pferd trottete ganz gemächlich dahin. Da wickelte Franz das Geleit um die Stange vom Wagen und ging etwas seitlich neben den Weg. In diesem Moment scheute das Pferd und fing an zu galoppieren. Ich fiel vom Wagen, ein Rad über mich drüber, und Franz rannte, was er konnte, dem Pferd nach. Es sah alles schrecklich aus. Neben dem Weg lagen die Kübeln, Butter und Schotten, und einige Käselaibe lagen herum, und der Wagen war in Trümmern. Ich blieb vor Schreck hocken, wo ich runtergefallen war. Ich blutete, wußte nicht von wo überall.

Franz konnte das Pferd erst dadurch erwischen, daß es sich an einem Baum neben dem Weg verfangen hat. Franz lief, so schnell er nur konnte, zu mir zurück und hatte auch solchen Schrecken, daß er vor Angst gezittert hat. Er konnte fast nicht reden, und soviel lag ihm dran, daß doch mir nicht zu Schreckliches passiert sei. „Na, meins Dianei, na, meins Dianei", hat er nur immer gesagt. Franz hatte sich noch nicht erholt von der Kriegsgefangenschaft. Als er heimkam, war er sehr schwach. Er hat bei weitem nicht jedes Essen vertragen.

Er trug mich hin zum Bach und platschte mich ab, dann sah es schon wieder viel besser aus. Vorher war Blut, Sand und Erde alles durcheinander. An einem Fuß hat es mich am meisten erwischt. Ich war bloßfüßig wie fast immer. Es war nichts gebrochen, nur sehr aufgekratzt. Hinken mußte ich schon, wahrscheinlich weil ein Rad über den Fuß drüberfuhr. Franz trug mich am Rücken bis zum Pferd. Er bekam einen großen Blutfleck am Hemd von meinem wunden Fuß.

Dann trug er noch alles verlorene Zeug zusammen. Der Wagen war ganz kaputt. Von den vier Rädern war nur noch eines dran. Franz band das Pferd ab und bemerkte jetzt erst, daß sich das Pferd auch verletzt hatte. Es hinkte, arg sogar. Nun heimzu. Aber es ging langsam. Das Pferd hinkte, ich hinkte, und Franz war traurig über das Geschehene. Als wir heimkamen, standen alle entsetzt herum. Die Mutter sagte nichts, weil sie sah, wie verzagt Franz war. Mir wurde ein Sacktüchl um den Fuß gebunden. Aber bald sickerte wieder Blut durch. Am anderen Tag war das Tüchl an der Wunde festgeklebt, und es schmerzte sehr, wenn daran gezogen wurde. Franz brachte mir Wasser in einer Schüssel und zeigte mir, wie ich das aufweichen konnte. Es dauerte lange, aber das Herabziehen schmerzte nicht mehr so arg. Die Mutter tat dann aufs Tüchl eine Salbe drauf, und es ließ sich leichter abnehmen. Es eiterte zuerst, aber mit der Zeit heilte es wieder. Franz fuhr mit einem Ochsengespann, um das Zeug heimzubringen. Er sagte dann: „Jo, so geht's mit die Kriagsroß! Ma woaß amal nia, wos fia Tuck sie hobn."

Seitdem fing ich an, die Pferde zu scheuen. Gerade zu dieser Zeit hat hier in Filzmoos bei einem Bauern ein Pferd einen sieben Jahre alten Buben erschlagen.

Hofübergabe

Für mich waren mit der Übersiedlung
Vor- und Nachteile verbunden

Während des Sommers des Jahres 1919 gab es zwischen der Mutter und Franz immer wieder Diskussionen und Meinungsverschiedenheiten wegen der Gutsübernahme. Franz wollte übernehmen und heiraten. Es mußte aber sehr viel in Betracht gezogen werden. Bögrein war Zulehen zum Oberhof. Es wurde vom Oberhof mitbewirtschaftet. Auch eine Alm gehörte zu Bögrein.

Meine Ziehmutter behielt Bögrein weiter für sich. Franz sah dies nicht so gerne. Aber sie einigten sich dann schon. Sie mußten auch das Erbgut für die weichenden Geschwister aushandeln. Es waren ja noch fünf, welche alle ohne Lohn gearbeitet hatten. Das war auch schwierig. Mutter wollte für die Weichenden sorgen, und dem Franz wurde es wirtschaftlich schwer gemacht. Aber sie haben sich auch in diesem Punkt geeinigt und das Erbgut für seine Geschwister grundbücherlich nach den damaligen Gesetzen festgesetzt.

Für die weichenden Geschwister kam es aber dann ganz schlimm. Es war nämlich kurz darauf die totale Geldentwertung. Von den Geschwistern wurde noch bis ins Alter hinein erzählt, ihr Erbgut vom Oberhof wäre gerade soviel an Geld wert gewesen, daß sie sich ein Packerl gewöhnlichen Pfeifentabaks hätten kaufen können! Sie besaßen als Erben eines großen Gutshofes nicht mehr als arme Dienstboten.

Für die Ziehgeschwister war es hart, für Franz natürlich leichter. Leonhard und Maria haben auch geheiratet, Georg, Anton, Anna und ich sind mit der Mutter im Herbst 1919 ins Bögrein übersiedelt. Sonst war es früher überall so, daß die weichenden Geschwister, welche nicht geheiratet haben, beim übernehmenden Bauern geblieben sind als Dienstboten. Das war hier nicht der Fall. Alle wollten mit der Mutter ins Bögrein. Zwischen der Mutter und Franz war aber immer wieder ein gutes Verhältnis.

Für mich waren mit der Übersiedelung Vor- und Nachteile verbunden. Am Oberhof mußte ich beim Heuen viel Wasser schleppen für die Leute am Feld, in Bögrein mußte ich gleich schon in der Früh die Heumahden anstreuen und am Nachmittag Fuder treten. Es war oft schwer, das Heufuder schön eckig zu formen, wenn von den Auflegern große Gabeln voll beidseitig herauflogen und das Zugtier, geplagt von Fliegen und Bremsen, sehr unruhig war; überhaupt wenn der Spack – die Dasselfliege – kam, fingen die Tiere an zu galoppieren, und man flog unsanft zu Boden. Das passierte jeden Sommer.

Der Schulweg war nun noch kürzer als vom Oberhof. Statt zwölf brauchte ich nun nur noch vier Minuten. Aber es gab dann auch schon Arbeiten vor und nach der Schule für mich zu erledigen. Stall putzen, Hof kehren, Vieh tränken, einstreuen, Holz und Wasser in die Küche tragen, Geschirr abwaschen, Botengänge machen und noch so manches andere.

An Tagen im Sommer, wo des schlechten Wetters wegen nicht eingeheugt werden konnte, mußte ich Beeren pflücken gehen. Nach wie vor Erdbeeren, Schwarzbeeren, Himbeeren, Kröstling (Preiselbeeren); auch Schwammerl suchen mußte ich gehen. Das war damals nicht schwer, man hatte bald einen ganzen Korb voll. Diesen zu schleppen, war anstrengender. Beeren pflücken, Schwämme suchen, das tat ich alles sehr gerne. Ganz allein war ich meistens in der schönen Natur. Das gefiel mir schon als Kind sehr.

Auch in die Kirche ging ich oft; im Winter fror ich dort nach wie vor erbärmlich.

Franz kam uns in Bögrein oft besuchen. Wenn ich ihn in der Gasse kommen sah, rief ich schon erfreut: „Muatta, Muatta, da Franzei kimmt!" Öfters fragte er die Mutter, ob er mich mitnehmen dürfe, wenn er Leute besuchte – er war inzwischen Bürgermeister von Filzmoos geworden – oder auf die Alm ging oder fuhr.

Als Franz Bürgermeister wurde, brauchten die alten Dienstboten nicht mehr „uma und uma gehn". Für diese armen Leute hat er sich um ein Stüberl umgeschaut und auch dafür gesorgt, daß sie von den bessergestellten Bauern Eßwaren erhielten. Wenn auch von manchen nur das Minderwertigste gegeben wurde, so waren die Leutchen mit allem zufrieden.

Bei solchen Besuchen durfte ich oft mit ihm gehen. Dabei habe ich rührende Begebenheiten erlebt. Die Leutchen haben sich niedergekniet und ihm die Hand geküßt, so dankbar waren sie ihm. Ein Weiblein sagte immer: „Di hot der Herrgott wieda zruckkummen lossn, weilst so guat bis za uns." Ihre Schwester pflichtete mit starkem Kopfnicken bei.

Er war so väterlich zu ihnen, hat die Weiblein um die Mitte genommen, dann haben sie ganz glücklich gelacht und geweint zugleich. Den Manderln hat er die Hand auf die Schulter gelegt. Etwas Geld gab er ihnen auch ab und zu. Ich habe das Erlebte heute noch vor Augen. Er hatte für manchen vielleicht eine etwas rauhe Schale, aber das muß bei einer solchen Aufgabe wohl auch sein. Innen war er ein herzensguter Mensch.

Die zweite Bahnfahrt

Und nehmts jo die Wawi aa mit!

Ich war schon im Bögrein, als ich zum zweitenmal mit dem Zug fahren durfte. Im vorhergehenden Sommer wurde die Mutter von zwei Frauen, Verwandten aus Birnberg, die sie gut kannte, besucht und auf das herzlichste eingeladen: „Kemts oche! Kemmts oche, sobold die Zwetschkn reif werdnt! Und die erstn Öpfl und so!"

Die hatten dort unten schon sehr schönes Obst! Die beiden haben mir besonders schön getan und sagten zur Mutter: „Und nehmts jo die Wawi aa mit!" Der Besuch kam tatsächlich zustande, und ich freute mich unmöglich aufs Hinunterfahren.

Ich hatte so ein Schürzerl zum Umbinden, das hab ich von der Schwiegermutter meines Ziehbruders bekommen, da waren wir noch auf dem Oberhof, und dort hat es mir die Ziehschwester gemacht. Dieses nun richtete ich mir am Vortag für die Reise her. In diesem Schürzerl, mit so Engelflügerl, hab ich mir selber sehr gut gefallen. Ich kann mich erinnern, wie ich mich selbst betrachtete und feststellte: „Schon fesch! Mit dem Schürzerl!"

In der Früh mußte man sehr zeitig weg – man mußte eineinhalb Stunden bis Mandling hinausgehen. Die Zeit wurde dann knapp. Die Geschwister sagten: „Gemma, gemma, mia kemman net rechtzeitig zan Zug! Tua weita, tua weita!" Beim Hinausgehen war's also zum Laufen. Vorher war Schlechtwetter gewesen, es gab Lacken am Weg, dieser selbst war auch nicht so „rar" (gut ausgebaut), und in eine solche Lacke fiel ich hinein. Mit meinem schönen Schürzerl!

Das war ganz herauf voll Dreck! An der Hand ließ ich mich von meiner Schwester dahinzerren, der Ziehbruder war schon vorausgegangen. Dem sagte sie – im Nachhinein hat mich das dann sehr amüsiert und tut es heute noch –: „Sog eahn nocha in Mandling draußn, daß mia a nou nochkeiman!" Das Schürzerl von mir hat sie unter den Arm genommen.

Aber ohne Schürzerl war mein Aufzug auch mangelhaft! Früher waren die Kleiderl bis zur Taille zum Knöpfen, und von dort weg hatten sie einen Kittelschlitz. Den offenen Kittelschlitz sah man nun bei mir ohne das Schürzerl. Das war ja auch kein tadelloses Äußeres. „Na, wos tuan? Wos tua ma? Net amol 's Viaschtal (so sagte man zum Schürzerl) mogst umbindn! Wia schaun mia do heitz in Mandling aus!" sagte meine Schwester. Sie war voller Vorwürfe, zog mich hinter sich her, und streckenweise liefen wir. „Na, i hätt di schon vorher aa ba da Hond führn solln, nacha wärst net hergfolln!"

Wir kamen doch rechtzeitig zum Zug. Etwas abseits des Bahnhofgebäudes floß ein Wasser, es war ein eisernes Becken und in dieses rann das Wasser. Dort hat sie dann schnell mein Schürzerl ausgewaschen. Knapp bevor der Zug kam, hat sie es ausgewunden und gesagt: „So, hiatz schliaf schnell eine!"

Wir sind von Mandling nach Haus gefahren. Ich hatte zwar das nasse Schürzerl an, war aber heilfroh, daß ich endlich im Zug dringesessen bin. Es ging wenigstens einmal dahin.

In Haus sind wir ausgestiegen und nach Birnberg hinauf, zum Bauernhaus mit Mutters Verwandten. Die taten mir furchtbar schön: „Jo mei, die Wawi is aa mit!" Die alte Mutter sagte: „Hiatz miass ma ihr dou wos bringen!"

Und die anderen mußten sich auch dazusetzen. Sie stellten eine Schüssel voll Obst hin, mit Zwetschken, Birnen und Äpfeln. Gute Sachen halt. Ich glückselig: „Jetzt kann ich wenigstens einmal Äpfel essen, so viel ich mag." Ich blieb bei der Schüssel sitzen und hab in einem fort gegessen. Sie wurde noch ein paarmal nachgefüllt. „Iß nur, iß nur!" sagte man. „Heut host es amol. Nochher host eh wieda nix, weil es ka Obst hobts do obn!"

Und die zwei, der Toni und die Ziehschwester, die sind Obst pflücken gegangen. Sie durften pflücken, so viel sie tragen konnten. Ich blieb bei der Schüssel sitzen und hab weitergegessen. Plötzlich ist mir dann schon vorgekommen, nein, jetzt hab ich genug, und dann sah ich noch einige besonders köstlich aussehende Zwetschken. Da hatten sie auch so Maschansker-Äpfel, die sind ja auch so herrlich.

Die anderen bekamen auch noch zu essen, einen Scheiterhaufen. Davon bekam ich auch noch auf ein Tellerl was heraus. Dann mußten wir wieder zum Zug. Die beiden haben geschleppt mit Rucksack und Taschen, ich eine Leinentasche. Die war nicht besonders geschickt gemacht, sie war schmal und lang, weshalb ich sie immer hoch tragen mußte, damit sie nicht am Boden schleift.

Am Weg zum Zug wurde mir schon so schlecht. Bauchweh bekam ich; zu sagen getraute ich mich nichts, denn die hätten mich wohl geschimpft. Warum hatte ich auch so viel gegessen! Die Zugfahrt kam mir endlos vor, obwohl es von Oberhaus nach Mandling gar nicht weit ist!

Beim Aussteigen wurde es etwas besser. „So, jetzt geht's wieder", dachte ich. Das Bauchweh hatte sich auch gebessert. Aber am Weg von Mandling herein wurde es mir schlecht, daß es gar nicht zum Sagen ist! Ich kam den beiden nicht nach, der Sack kam mir extrem schwer vor, nachschleifen durfte ich ihn auch nicht, weil er ja schmutzig geworden wäre. Und dann ist die Brecherei losgegangen. Während ich erbrechen mußte, sind mir die zwei wieder ein ganzes Stück weit davon. Das hab ich auch nicht gar so gern gesehen, daß ich weiß Gott wo hinten blieb! Ich schwor mir, nie wieder um Obst hinauszufahren. Ich hatte einfach zuviel gegessen. Gewöhnt war ich's auch nicht. Gut gemeint hatten sie es ja.

Dann sind wir endlich nach Hause gekommen. Ich war froh. Essen konnte ich nichts mehr. Ich wollte nur ins Bett. Am anderen Tag war ich zu nichts fähig. Ich hatte keinen Unterricht, und die Mutter sagte: „Na, loßts 's Dirndl liegn! De hot jo viel zviel Obst gessen. Die schaut jo heit no drein wia a Milchnudl so weiß!" Darüber, daß ich nicht aufstehen mußte, war ich sehr froh. Den ganzen Tag über habe ich noch kein Essen angeschaut.

Das zweite Zugfahren bekam mir also auch nicht so besonders. Trotzdem fuhr ich immer wieder ungeheuer gern mit dem Zug. Hieß es wieder einmal: „'s Dirndl nehm ma aa mit!" dann war ich wieder mit heller Begeisterung dabei.

Daß ich derart viel Obst gegessen hatte, ist damit zu erklären, daß es wirklich eine Seltenheit war. In Filzmoos selbst gedieh und gedeiht nicht viel, dazu liegt es zu hoch. Zuchtbäumchen wie heute gab's gar nicht, das war halt alles wild. Wir haben Kirschen zu Hause gehabt, große Bäume sogar, aber die hatten auch nur kleine Kirscherln. Wir waren mit ihnen zufrieden. Man hatte doch sonst überhaupt nichts! Und Äpfel gab's auch nicht so oft. Ich war glücklich, wenn ich einen bekam. Darum wundere ich mich heute manchmal, daß ich jetzt, wo ich so viele habe, wie ich will, gar nicht soviel esse.

Damals aber mußte man dafür etwas tun: Die Mutter hat von Werfener Bauern Zinsvieh auf die Alm genommen, und anstatt Geld – das hatten die auch nicht so – hat sie im Herbst Äpfel bekommen. Die haben in Werfen draußen viel und gutes Obst gehabt, da ist es weit wärmer. Die Äpfel kamen dann in den Keller; ich hab mich riesig gefreut, hätte schon gern welche gehabt, wußte sie im Keller drunten und hab die Mutter halt auch manchmal drum gebeten. „Na!" hat sie gesagt, „do werdn s' jo scho z'früa gor!"

Halten sollten sie lange, denn es wurde dann ab und zu eine Schüssel auf den Tisch gestellt, und da durfte man dann schon einmal essen. Ich bekam auch manchmal zum Schulgehen einen mit einem Stückl Brot dazu mit, das war viel wert! Nur mit den Beeren mußte man nicht so sparsam umgehen, das schon.

Noch seltener als Äpfel waren Südfrüchte! Aus Südtirol kam immer einer, den sie Reger genannt haben. Der hatte eine Waage, Teller und eine Kraxe umgehängt; in der Kraxe hatte er Südfrüchte, die hat er verkauft.

Das war damals was ganz, ganz Außergewöhnliches. Der ist in Abständen von einem oder auch von eineinhalb Monaten immer wieder gekommen. Er war Südtiroler und brachte von dort Orangen, Zitronen, Weintrauben und anderes Zeugelwerk, das hier kaum bekannt war: Das waren die Muskatnüsse, von denen die Mutter immer einige kaufte. Teuer waren die Datteln – grüne Datteln! Wenn er ankam, trug er immer sehr schwer, ging dann durch die ganze Gegend – auch nach Übermoos hinaus – und hat dabei dann hübsch alles verkauft. Dem einzelnen wohl wenig. Die Leute wären zwar furchtbar losgegangen drauf, weil's ganz was Seltsames gewesen ist, aber das Geld dazu hatten sie nicht. Es war teuer. Der mußte die Sachen ja von weither tragen.

Ich weiß nur, daß ich die Hälfte einer Orange halt nicht bekommen habe, da hat die Mutter teilen müssen, es waren zwei Zecherln oder drei, die ich bekommen habe. Auch bei den Zitronen war das so: Es gab wenig Zitronenwasser. Zitrone mit Kandiszucker und heißem Wasser hielt die Mutter für gut bei Verkühlung.

Kam der Reger, hielt ich mich gleich beim Kittel der Mutter an, damit sie mir was abgibt, wenn sie etwas kauft. Zum Aufteilen waren zu viele; oder zu wenig Früchte, wie immer: Man sieht, welche Rarität das damals war. Und wenn der Reger nicht gekommen wäre, hätte ich sehr lange keine Ahnung von der Existenz einer Orange oder Zitrone gehabt! Zu kaufen gab's das ja sonst nicht. Der einzige Krämer bei uns da herinnen, der hatte bloß das, was er von Eben hereingeschleppt hat, und dort draußen, in Eben, war ganz wenig zu haben und solche Sachen überhaupt nicht. Aus Eben war Mehl, war Zucker und vielleicht gedörrte Zwetschken, die gab's ja da auch.

Botengang zu zweit

Du, geh her, i zag dir's!

Im Juni 1922, ich war damals 12 Jahre alt, hatte ich ein Erlebnis, das ich so schnell nicht vergessen konnte: Als ich einmal von der Schule nach Hause gekommen bin nach der Handarbeit – es war also nicht mehr so früh –, hat die Mutter gesagt: „Jetzt tua gschwind jausn. Donn muaßt noch Neuberg aussegehn, um Pflonzn. Die brauch i heitz, de sin schon zum Setzn, und i kriag de in Neuberg drinnen ban Fasl!"

Die Bäuerin wisse schon Bescheid. „Jo oba, wo sullt i denn gehn?" sagte ich zur Mutter, weil ich ja noch nie in Neuberg drinnen gewesen bin! „I woaß net, wo i gehn muaß!" – „Ah", hat sie gesagt, „des is 's Wenigste! Des findst aa schon! Wia da Neuberger Weg aussigeht, dos woaßt eh schon, do bist wuhl aa scho gongen! Und nocher gehst oafoch rechts eini. Drinnen wieda links auffe. Dos findst leicht!"

Nach den Anweisungen der Mutter mich richtend machte ich mich auf den Weg. Ich kam dann auf einen Hof, von dem ich annahm, daß es der richtige wäre. Die Bäuerin war in der Küche, und ich sagte ihr, daß ich von meiner Mutter um Pflanzen geschickt worden sei. Ein geflochtenes Körberl hatte man mir mitgegeben, die Pflanzen durften ja nicht beschädigt und deshalb auch in keinen Korb gesteckt werden.

„Na", hat die Bäuerin gesagt, „i hon kane Pflonzn! I saa goa kane ou, i kriags aa va ana ondarn Bairin! Do bist ba uns folsch! Wou sullst denn hi, um deini Pflonzn?" – „Jo, zan Fasl" hab ich gesagt. „Na, do bist zweit gongan!" hat sie gesagt. „Do hättst gor net sou weit gehn brauchn! Oba hiatz findst es woumögli wieda net recht! Könntst a große Obkürzung mochn,

73

zan Fasl hin! Des is aba nur a Steigerl! Wort, i schrei
'n Hansl! Dea soll mit dir mitgehn. Der kennt 'n Weg
genau."

Sie rief ihn herbei, ich sagte nichts dazu, weil ich
mir nichts dabei dachte. Der Bub, ein recht starker,
vielleicht drei Jahre älter als ich, kam dann her und
ging mit mir. Ich war erleichtert, daß ich nun nicht
mehr fehlgehen konnte: Er ging den Weg abwärts,
hinter dem Haus noch ein Stück zurück, wieder
abwärts. Ich hinten nach. Auf der anderen Seite des
Grabens ist er wieder bergauf gegangen.

Plötzlich setzte er sich auf einen Stock am Weg. Ich
bin in einiger Entfernung von ihm stehengeblieben.
Dann sagte er: „Du, woaßt du, wia die Kinda gmocht
werdn?" – „Na!" sagte ich, „des woaß i net." – „I
schon!" hat er gesagt, „weil mir hot des die Moidl zagt
und gsogt." – „Na, na . . ." hab ich immer wieder
gesagt. – „Du, geh her. I zag dirs. Dos zag i dir aa, wia
des geht."

Er ist dann so ein bißl herumgewalgen auf der
Baumwurzel, dann hat er mich an der Schürze erwischt. Das Schürzerl hat er erhascht. Daran hat er
mich festgehalten. In der einen Hand hatte ich das
Körberl, mit der rechten fuhr ich nach hinten und hab
die Schlinge aufgelöst, und er hatte dann das Schürzerl allein in der Hand. Darauf sagte er: „Hiatz hob i
schon 's Viaschta. I werd di schou kriagn!"

Ich begann zu weinen und sagte: „Bitt di gor schön,
gib mia 's Viaschta wieda!" Und: „Gemma, gemma, i
möcht do gern gehn! I kimm jo in d' Finstern!" – „Do
kimmst scho no hi!" hat er gesagt. „Des is eh nua mehr
a Stickl ausse do noch 'm Wold. Donn kimmt eh die
Gossn, noch 'm erstn Haus gehst vorbei und des
zweite is eh scho!" – „Jo gib mir 's Schürzerl!" hab ich
gesagt und hab immer mehr zu weinen begonnen.

Dann ist er aufgestanden, ich bin noch mehr zurückgewichen. Da hat er mich nachher noch am Zopf gepackt, hat mich daran so hergerissen. Dann sagte er: „Do! Richt di zsomm! Oba wehe dir, wonn du zu an Menschn wos sogst von dem, wos i dir hiatz gsogt hob! Donn passiert dir aber scho amol wos! Daß d' es nua woaßt!" – „Gib ma nua schnell olles her und sog ma, wou i gehn muaß!"

Während des ganzen Hin-und-Hers hörte ich eine Kuh plärren, ziemlich laut. Und da hat er dann nach rückwärts geschaut, ich schaute in dieselbe Richtung, aus der die Laute kamen; gleich darauf hörten wir eine Glocke. Dann hat er mir das Schürzerl herge- schmissen, war ein wenig verärgert und hat gesagt: „Wo du hingehn muaßt, hob i dir scho gsogt, und hiatz schau, daß d' weitakimmst!"

Ich war froh. Arg verweint hab ich ausgeschaut, zerrauft war ich auch, weil ich die Haare immer zu- rückgehalten habe, wenn er mich am Zopf gepackt hat. Da sind dann richtig die Kühe angekommen. Die Kühe werden von dem Bauern gewesen sein, sie sind halt den menschlichen Stimmen nachgegangen. Ich bin an ihnen vorbei, weil ich gewußt hab, die kommen ganz bestimmt von daher. Bin durch die Gasse hin, an einem Bauernhaus vorbei, und das nächste war's dann.

Die Bäuerin hat sich zwischen Haus und Stall auf- gehalten, hatte gerade mit einer Bruthenne und deren Kücken, die sie gern alle in den Stall gebracht hätte, zu tun. Und wie es halt immer ist, so war es auch da: Das eine rennt links, das andere rennt rechts, und man kriegt sie nicht zusammen. Darum sagte sie, als sie mich kommen sah: „Du, kimm her gschwind! Kimmst ma grod zrecht! Hilf ma die Bruathenn einibringen in Stoll. Hob sie ollweil im Haus dreinghobt, hiatz will sie mir do in Stoll net eine."

Ich war furchtbar froh, weil ich dachte, daß sie hier

so beschäftigt ist mit ihrer Bruthennenfangerei, daß sie mich einmal gar nicht beachtet. Daß man mir das ankennt, daß ich geweint hab, war mir klar. Auch war ich zerrauft.

Dann waren die Bruthennen drinnen. Sie hatte einen kleinen Stall unterm Hühnerstall, wo oberhalb die anderen Hennen saßen. „So, hiatz homma dos a gmocht. I woaß eh schon", sagte sie, „du kimmst hiatz wegn die Pflonzn. D' Muatta hot's eh gsogt. Jo, wie schaust denn du aus? Host grearscht? Schaust jo gonz varearscht her!"

„Jo", hab ich gesagt, „i hob net gschwind hergfundn do za eich!" – „Ah so?" hat sie gesagt. „Jo, wo bist denn gor herum? Vazogt bist aa. Wia schaust denn aus?" – „I hob mir nur ba an Bam so die Hoar zraft", hab ich gesagt. „Do durch den Wold. Do bin i an die Äst ankommen." – „Na, wia gehst denn du dumm herum? Host di net auskennt do herinnen?" – „Na, i hob mi net auskennt, und bin do vorbeigongen." – „Gib her dei Körberl, i richt dir die Pflonzn her. Kimm eina ins Haus."

Eine Jause hat sie mir hergerichtet, ein Butterbrot und so, und ich habs nicht hinuntergebracht, mir war scheußlich zumute. Dann hat sie mir die Pflanzen hergerichtet und gegeben. „Jo", hat sie gesagt, „hiatz host eh scho Zeit. So frua is aa nimma, muaßt scho noch 'm richtign Weg gehn! Net, daß di noch amol vergehst, sunst kimmst richti in d' Finstern. Do geht's hintri, do des Gasserl, do kimmst auf 'n Weg ochi. Do wirst di donn scho auskennan. Du bist jo herein aa do gongen!" Ich hab ihr gesagt: „Jo, jo, i kenn mi scho aus!"

Ich war froh, daß ich das alles hinter mir hatte. Ich kam auf den richtigen Weg, den sie mir angesagt hatte. Nach dem Neuberger Weg bin ich hinaus und wieder nach Filzmoos zurück und bin nachher gut nach Hause gekommen, zu einer Zeit, als es noch nicht finster war. Auch die Pflanzen brachte ich wie gewünscht mit – aber mir selbst war elend. Ich war richtig aufgewühlt, da ist mir schon Schreckliches passiert. Lang, sehr lang, bis etwa sechzehn, hab ich darunter gelitten, daß ich da irgendwie schon etwas mitgekriegt hatte, das halt nicht gepaßt hat. Und soweit ist wohl eh nix passiert. Zum Glück tat er mir nichts an.

Die Mutter hat nichts gemerkt. Ich hab mich fest zusammengenommen, daß ich mir nichts anmerken lasse, und hab kein Wort gesagt davon. Ich hab mich auch gefürchtet, weil er ja gedroht hat: „Wehe dir, wonnst a Wort sogst, daß es so gwesn is!"

Der Bub mußte später die letzten Kriegsjahre einrücken und ist nicht mehr gekommen. Ich hab ihn nach diesem Vorfall schon noch öfter gesehen, mußte dabei jedesmal daran denken, aber getan hat er mir nichts mehr. Das ist halt auch so ein Erlebnis, über das man sich als Kind schreckt.

Eigentlich hatte ich schon während meines ganzen Aufwachsens keine angenehme Vorstellung davon! Schon wie man darüber sprach! Wie zum Beispiel die Pfarrer-Nanni da gesagt hat, als ich den Setzkasten vom Georg bekommen hab, wie schiach und unanständig das sei, wenn ich ihm um den Hals falle, und daß ich in die Hölle käme. Durch solche und ähnliche Äußerungen hab ich mir das immer so fürchterlich vorgestellt. Und dann erst recht, wie man heute sagt: „mit jemandem verkehren!" Ich mußte daran denken, wie mich der da anpackte und daß ich mich nicht wehren könnte, und das hab ich mir halt so schrecklich vorgestellt und kriegte eine furchtbare Abscheu vor dem allen durch dieses Erlebnis.

Ich hab die furchtbaren Vorstellungen erst wieder losgebracht, als ich einen Mann kennenlernte, einen

Kirchenmaler. Der sagte: „Na, na! Stell dir das doch net so schrecklich vor!" Das war wirklich ein guter Freund. Ich hatte ihn sehr gern, und dadurch kam dann alles ganz anders. Er überzeugte mich durch Güte von der Richtigkeit seiner Ansichten. Ich hatte ja sonst keinen Menschen, und der war sehr lieb zu mir. Er hat es verstanden, mir zuzuhören, ich hatte ja niemanden, dem ich etwas erzählen hätte können.

Die dritte Bahnfahrt

Sie hatten es darauf abgesehen,
mich rauschig zu machen

Eine Sache, über die mehr die anderen lachten als ich, war meine dritte Bahnfahrt. Damals war ich schon älter, aber noch nicht aus der Schule. Das weiß ich deswegen noch so gut, weil sie sagten, daß ich, wenn ich nicht noch die halbe Karte hätte, nicht mitfahren dürfte. Da sind wir nach Salzburg gefahren. Meine Ziehschwester war dabei, mein jüngster Ziehbruder, der Tonai, und vom Nachbarn sind noch ein paar Burschen mitgefahren. Die haben da etwas ganz Bestimmtes vorgehabt – wie sie auf diese Idee kamen, weiß ich nicht –, jedenfalls sind sie wegen eines Kinobesuches hinausgefahren. Ich hatte noch nicht einmal eine ungefähre Ahnung davon, was ein Kino sein soll. Da durfte ich also mitfahren, war natürlich voller Freude: „Eine Weltreise", dachte ich, „gleich bis Salzburg!"

Wie wir ankamen – das weiß ich noch so gut –, sind wir ins Hotel „Pitter" gegangen. Heute noch, wenn ich nach Salzburg komme, denk' ich jedesmal daran: Da sind sie hineingegangen, es war eine ganze Runde von jungen Leuten, so um die zwanzig, ein ganzer Tisch voll, darunter auch ich.

Sie haben sich Wein bestellt und hatten es darauf abgesehen – das hatten sie sich untereinander ausgemacht –, mich rauschig zu machen.

„Wein" – davon hatte ich noch nie etwas gehört. Mir kam es so furchtbar gut vor, das war für mich einmal etwas ganz anderes, denn sonst gab es bestenfalls Saftwasser zu trinken – vom Selbsteingemachten; und auch das selten, weil ja der Zucker nicht ausreichend vorhanden war. Und nun Wein! Ich war natürlich bereit, ihn zu trinken – und war prompt betrunken. Als ich aufstehen wollte, hat es mich schon einmal umgerissen; dann haben sie mich wohl festgehalten, aber wieder losgelassen. Mir ging der Boden immer davon, schien mir zu schwinden, ich glaubte, ihm nachstrampfen zu müssen. Und die anderen haben gelacht, machten sich ein Theater daraus.

Als wir das Lokal verließen, habe ich andere Passanten angerempelt. Die haben sich immer umgedreht, waren verwirrt, was das soll. Meine Begleiter haben nichts wie gelacht, haben mich laufen lassen. Dann sind wir ins Bahnhofslokal gegangen. Dort hab ich dann nichts mehr getrunken. Da war's dann eher soweit, daß mir vor Wein grauste. Sie hätten es wohl noch einmal probiert, aber ich wollte nicht mehr.

Nachher sind wir ins Kino gegangen. Man spielte „Verdun", einen französischen Film über den Ersten Weltkrieg. Eine Wochenschau war zuerst. Bilder von Salzburg, die ich noch nie gesehen hatte, und nachher war eben der Kriegsfilm. Schauderlich! Wie die da geschossen haben! Wie die ganzen Erdenpatzen auseinandergespritzt sind! Und die Rosse, wie die so dahergekommen sind, und die Krieger, wie die sie erschossen haben . . . Es waren schreckliche Bilder mit toten Soldaten dabei, das fürchterliche Schießen mit den Gewehren . . . Begeisterung konnte ich dafür keine aufbringen.

Das machte eigentlich ungeheuren Eindruck auf mich. Dort erkannte ich erst so richtig, was meine Ziehbrüder mitgemacht hatten. Da verstand ich dann ganz gut, warum die Mutter geweint hatte; die wird alles das schon vorher gewußt haben! Ich selbst konnte mir vorher unter Krieg ja nichts vorstellen! Schon, daß sie „draußen" sind, daß geschossen wird und alles, aber durch diesen Film konnte ich mir ein genaueres Bild davon machen. Das hat mich sehr beeindruckt.

Für nachher war ausgemacht, daß man in Salzburg übernachtet. Da konnte ich nicht mehr schlafen! Da war ich wach wie am hellichten Tag. Das machten die Eindrücke, die ich einfach nicht verarbeiten konnte: Ich hab mein Rauschig-Sein nicht verarbeiten können, den Film hab ich nicht verarbeiten können. Zudem hat der Zug immer gepfiffen – unsere Unterkunft muß in der Nähe des Bahnhofs gewesen sein. Ich schlief also nicht, und am nächsten Morgen sind wir zeitlich weggefahren.

Damals hat mir das nichts ausgemacht, daß wir nach Hause kamen, ich war froh darüber, denn die Eindrücke waren mir zu viel. Was ich gesehen hatte, war zwar interessant, es kam mir aber alles nicht „richtig" vor, auch das, was mir passiert war! Die Fahrt selber war nett, sie haben sich gut miteinander unterhalten.

Zu Hause haben die anderen natürlich groß und breit erzählt, und da hieß es dann: „Schau her! Die fahrt do noch Solzburg aussi, is rauschi!" usw. Die älteren Mitschüler, die schon vor dem Ausschulen waren, die haben sich das schon ankennen lassen! Man betrachtete mich als lasterhaften Menschen, weil sowas halt noch nie vorgekommen war. Die anderen kamen ja erst gar nie nach Salzburg.

Die Mutter aber sagte dazu gar nichts! Sie hat am nächsten Tag sogar mit den anderen mitgelacht, als sie ihr von den Vorkommnissen erzählten. Mir selbst war alles miteinander nicht ganz gleich, schon als ich wieder ganz normal denken konnte, hat mir die Geschichte nicht so recht gepaßt. Erst recht nicht das Gerede in Filzmoos!

JUGENDJAHRE

Ich mußte abdienen . . .

Schulabgang

*Der Lehrer war der Ansicht,
ich wüßte ohnedies schon genug . . .*

Hatte ich mich auf die Ferien schon nie gefreut, so fürchtete ich den Schulabgang geradezu. Das Lernen hab ich leicht bewältigt, machte mir aber Sorgen, daß ich die oft schweren Arbeiten, von denen ich wußte, daß sie nach meinem Schulaustritt auf mich zukommen würden, nicht so anstandslos meistern würde können. Körperlich war ich nicht besonders stark, es fehlte mir oft an Kraft, da ich auch mit Männern arbeiten mußte.

Ich wußte schon, daß es, wenn im Juni die Heumahd angeht, für mich heißen würde, daß ich mitmähen müßte. Da würde es dann nichts mehr geben! Heraus am frühesten Morgen, wenn es erst Tag wird, und mit den anderen mithalten!

Ich versuchte zu erreichen, daß ich wenigstens die Zeit bis zum Schulschluß noch in der Schule bleiben könnte, denn nach meinem vollendeten vierzehnten Lebensjahr, im Mai, hätte ich ausgeschult werden sollen. Die Mutter erlaubte mir, den Lehrer darum zu bitten. Aber der Lehrer sagte nein. Er war der Ansicht, ich wüßte ohnedies schon genug und sollte für die nachkommenden Schüler Platz schaffen. Als ich das erfuhr, ging ich an einen Ort, wo ich unbeobachtet war, und weinte einmal.

Am 1. Mai 1924 bin ich aus der Schule ausgetreten. Mein Vater hat mit meiner Ziehmutter ausgemacht, daß ich bei ihr bleiben muß, so lange sie lebt. Für die Arbeit am Hof sollte sie mir keinen Lohn geben müssen. Ich mußte abdienen, denn er, mein Vater, hatte meiner Ziehmutter für mich nie Unterhalt bezahlt. So mußte sie mir außer Kost und ein wenig Kleidung oder etwa einem Paar unbedingt notwendiger Schuhe nichts geben.

Neue Arbeitsanforderungen

Was mir angeschafft wurde,
mußte ich machen

Was waren nun meine Aufgaben im Rahmen der Arbeit am Hof? Morgens war das Frühstück herzurichten. Im Winter, wenn die Männer mit dem Holzfuhrwerk unterwegs waren, mußte ich es schon vor vier Uhr machen. Danach blieb bis zum zweiten Frühstück für die am Hof Bleibenden freie Zeit, da hab ich dann halt mit dem Flachsspinnen begonnen. Dabei bin ich manchmal eingeschlafen. Dann mußte ich mit meiner Ziehschwester das Vieh zur Tränke treiben. Dann wurde die Milch zentrifugiert, das Milchgeschirr gewaschen, die Butter gerührt. Anschließend mußte ich für alle das Mittagessen kochen, so um elf Uhr mußte es fertig sein, und am Nachmittag war's zum Spinnen und Jausenkochen bis vier Uhr. Bei der

Stallarbeit mußte ich mit meiner Ziehschwester gemeinsam das Futter herrichten, die Streu hineintragen, das Vieh tränken; danach das Abendessen zubereiten.

Diese Arbeiten fielen tagtäglich an, ob es Wochentag oder Sonntag war, machte da keinen Unterschied. Es änderte sich nur durch den Almauftrieb des Viehs etwas.

In der Zeit, die zwischen den Koch- und Stallarbeiten verblieb, mußte ich die nach Jahreszeit anfallenden Arbeiten verrichten. Das war, wie gesagt, im Winter das Spinnen und das Herrichten des Gesponnenen für den Weber.

Zu Frühlingsbeginn – die Schneeschmelze erfolgt bei uns in Filzmoos später als sonstwo – ging es zuerst einmal mit dem Brennholzherrichten los. So zirka vier bis fünf Meter lange, verwachsene oder angefaulte Baumstämme wurden von den Männern entweder mit dem Handziehschlitten oder mit dem Pferdefuhrwerk zum Haus gebracht. Mit der Handsäge (Zugsäge) wurden sie zu zirka dreißig Zentimeter langen Stöcken abgeschnitten. Zu dieser Arbeit mußten zwei Leute sein, für gewöhnlich zwei Männer. Fehlte einer, mußte ich ihn ersetzen. Da gab es Schwielen und schmerzende Hände. Die abgesägten Stöcke wurden dann gekloben zu kleinen Scheiteln, und diese werden in einer luftdurchzügigen Holzhütte aufgezäunt zu ganz hohen Stapeln: einer nach dem anderen.

Dann kam das Mistausstreuen. Eine von mir sehr gefürchtete Arbeit. Durch die etwas gebückte Haltung, die man dabei einnehmen mußte, bekam ich fürchterliche Kreuzschmerzen. An solchen Tagen ging ich herum wie eine alte, gebückte Frau. Man durfte nicht klagen, sonst wurde gesagt, man sei nur zu faul zum Arbeiten. Ich konnte in der Nacht nicht schlafen wegen der Schmerzen und hab oft ganz still geweint.

Es ging weiter mit dem Umackern. Diese Arbeit war mir wesentlich lieber. Ich mußte mit Ochsen oder Kühen, die den Pflug zogen, fahren. Die waren zwar manchmal auch recht störrisch, überhaupt wenn es jüngere oder weniger gelehrige Tiere waren, aber ich konnte bei dieser Arbeit aufrecht gehen und hatte keine Kreuzschmerzen. Jetzt ackert kein Bauer mehr um. Früher wurde angesät: Winterroggen, Sommerroggen, Winterweizen, Hafer, Gerste und Flachs. Jetzt baut man sich nicht einmal mehr Kartoffeln an.

Es kamen dann die Zaunarbeiten. Die Zäune mußten repariert werden oder auch neu gemacht werden, je nach dem Schneereichtum im vorangegangenen Winter. Ich mußte oft als Mannersatz mitarbeiten. Bei Stangenzäunen mußten schwere, lange Stangen vom Wald hergezogen werden, anderes Zaunzeug mußte hin- und hergeschleppt werden. Ich war davon oft zum Umfallen müde.

Die Maulwurfshaufen mußten geebnet werden; die Steine auf den Feldern aufgeklaubt und weggetragen werden, oft einhundert bis einhundertfünfzig Meter weit! Auf den Feldern, die umgeackert wurden, gab es jedesmal sehr viele Steine.

All diese Arbeiten – Umackern, Mist ausstreuen, Steine zusammenklauben, Erdenhaufen angleichen und noch andere – waren im Frühjahr zu erledigen, hießen die Laßarbeiten, fielen alle zur selben Zeit an und waren deshalb für alle anstrengend.

War die Laßarbeit am Heimgut beendet, kam gleich die Almarbeit dran. Da ging's wieder von neuem los. Die sehr langen Grenzzäune dort waren herzurichten, was zeitaufwendig und oft mit harter Arbeit verbunden war. Auch die Kuhfladen vom vorherigen Sommer mußten zerteilt werden. Hütten und Stalldächer mußten repariert werden. In der Hütte mußte man alles saubermachen, damit Anfang Juni beim Almauftrieb alles in Ordnung war. Ich war gerade achtzehn Jahre alt – oder jung –, als ich mit allem Drum und Dran als Sennerin auf die Alm mußte. Meine Ziehschwester, die Sennerin war, wurde krank und da gab's keine Widerrede. Was mir angeschafft wurde, mußte ich machen. Die Sennereiarbeit mußte ich schon während der Schulzeit lernen.

Ich erinnere mich noch heute genau, wie viele Tiere – eigene und Annehmvieh von anderen Bauern – ich damals zu versorgen hatte. Es waren zweiundfünfzig. Die Milch der Kühe mußte ich zu Butter und Käse verarbeiten. Ich war ganz allein da oben. Ganz nahe der Hütte stand zur damaligen Zeit ein dichter Hochwald. Zwei Nachbarshütten gab es, zirka fünfzehn Minuten entfernt. Um zwei Uhr früh mußte ich zum Almboden hinauf – eineinhalb Stunden Wegzeit –, um die Kühe zum Melken zu holen. Das einzuhalten wurde mir ganz streng aufgetragen. Darum getraute ich mich gar nicht mehr, richtig zu schlafen. Immer wieder schaute ich auf eine alte Männeruhr. Wußte gar nicht, wie ich das anstellen soll, weil ich Zündhölzer auch nicht so viele verbrauchen durfte. Nach einigen Wochen besuchte mich mein Bruder Stefan. Dem klagte ich meine Sorgen ums Aufstehen. Zu meiner Freude brachte mir Stefan ganz bald einen Wecker. Den konnte ich stellen, und ich brauchte mich nicht mehr so sehr sorgen.

Nach dieser möglichen Verwendung beim Vieh auf der Alm kam im Lauf der jahreszeitlich anfallenden Aufgaben, wie schon gesagt, die Heumahd Ende Juni. Gleich nach dem Ausschulen, als ich bei dieser Arbeit das erstemal mitmachen mußte, war ich morgens oft schon so müde, daß mir vorkam, ich könnte abends gar nicht müder sein.

Da war das Mähen – das mußte ich zwar auch lernen, aber ich mußte nicht richtig mitmähen, denn meine Hauptaufgabe war das Anstreuen. Dann mußte ich Fudertreten und später hintennach alles mit dem schweren, großen Eisenrechen von eineinhalb Meter Breite saubermachen. Das war keine leichte Arbeit!

... man wird zäh, man wird abgehärtet

Dann kam der Getreideschnitt. In der Augusthitze den ganzen Tag ohne Sonnenschutz am Feld, das war unsagbare Anstrengung. Bald nach meiner Ausschulung, mit fünfzehn Jahren, ging ich dann auch zu anderen Bauern gegen Lohn in den Schnitt. Nach einer Schnitterin fragten damals alle Bauern rundum, damit sie, wenn es gut geht, auch an einem Tag mit dem Korn fertig werden konnten. Da waren dann oft zwanzig, fünfundzwanzig Arbeitskräfte, überwiegend Frauen, auf einem Feld. Bei der Ziehmutter durfte ich mir den Lohn selbst behalten. Von meinem ersten Lohn hab ich mir dann die „Mädchen-Zeitung" gekauft, ein bißl „Lux"-Seife und – weil ich doch so leidenschaftlich gern Butterbrot gegessen habe – noch ab und zu eine „Thea-Margarine". Viel Geld brachte der Schnitt nicht, denn die Schnitterzeit war ja auch bald wieder vorbei.

Dann kam der Herbstschnitt, das Neu-Umackern. Auch das war anstrengend für alle, wir waren wieder zum Umfallen müde. Aber man wird zäh – nicht? – man wird abgehärtet.

Schließlich wurde das Laub zusammengerecht und in Buckelkörben zum Hof getragen. „Vor'm Leonhardstag", dem 6. November, „macht's der Fleißige, danach der Faule", sagte man. Und meinte, daß das zu dieser Zeit schon fertig zu sein hatte. Da begann es ja auch schon oft zu schneien. Bis Weihnachten gab's mit dem Flachs zu tun, wie das ganze volle Jahr hindurch.

Bei all diesen Tätigkeiten mußte ich nun neben meinen täglichen Aufgaben nach dem Schulaustritt mithelfen, wie die anderen weiblichen Arbeitskräfte am Hof auch. Bei der Ziehmutter am Hof, aber auch als Aushilfe am väterlichen Hof; denn wenn wir in Bögrein, das ja weit kleiner war als seinerzeit der Oberhof, mit der Arbeit fertig waren, sagte die Ziehmutter meist: „Gehst einchi, und hilfst eahn!"

Daneben hab ich aber auch, wie schon gesagt, bei anderen Bauern gegen Lohn gearbeitet. Oder auch beim Förster. Der hatte zwar seine Forstarbeiter, aber fürs Buschensetzen – so wurde die Aufforstung bei uns genannt – hat er sich bei den Bauern Leute angeworben. Wir sind nicht ungern gegangen, es wurde nicht schlecht gezahlt, und es war unter den ungefähr dreißig jungen Leuten, die da zusammenarbeiteten, meist sehr lustig. In Buckelkörben wurden die Bäumchen, Buschen sagten wir, in den geschlägerten Wald getragen. Die Weiberleut setzten sie ein, die Mannerleut mußten das Erdreich aufhacken.

Dort, wo ich damals gearbeitet habe, stand bis zum letzten Liftbauen dann schon ein wunderschöner Jungwald. Mir hat das Herz weh getan, wie dort der „Treefarmer" eingesetzt wurde. Mir tat leid um die jungen schönen Bäume, und ich dachte mir: „Wie viele werden da drunter sein, die ich eingesetzt habe, die meinetwegen gewachsen sind?" Diese Vorstellung paßt einem nicht so besonders, auch muß man sich erst an die landschaftliche Veränderung gewöhnen, es wird recht hell.

Damals, beim ersten Buschensetzen, war ich gerade ausgeschult. Ein, zwei Jahre später, das war 1927, 1928, kamen die ersten Feriengäste nach Filzmoos.

Heute ist der Fremdenverkehr aus der Arbeitswelt unserer Gegend gar nicht mehr wegzudenken. Damals hatte ich mich nebenbei auch ein wenig darum zu kümmern.

Die ersten Feriengäste auf Bögrein

Während ihre Männer unterwegs waren,
haben die beiden Frauen
Unmengen von Pilzen gesammelt

Coll und Gardeneau waren wohl die ersten, die jedes Jahr auf den Hof der Ziehmutter als Gäste kamen und so vier oder fünf Wochen dablieben. Die Colls waren Grazer, Herr Gardeneau war französischer Abstammung, seine Frau war Wienerin. Die beiden Paare waren miteinander befreundet, beide hatten sie keine Kinder. Herr Gardeneau war gerne auf Jagd, Herr Coll war von Beruf und aus Begeisterung Photograph.

Sie waren recht nette Gäste, nur die Hunde machten oft viel Arbeit. Hübsch zottige Kerle, die bei schlechtem Wetter die Betten voll Dreck machten. Herr Coll hat alles in der Gegend ringsum photographiert. Man sah ihn kaum je ohne Ausrüstung. Die Männer waren sehr nett, die Frau Coll auch, aber die Frau Gardeneau hat sich immer furchtbar viel eingebildet. Während ihre Männer unterwegs waren, haben die beiden Frauen Unmengen von Pilzen gesammelt. Ganz viele Herrenpilze haben sie getrocknet, den Rest am Abend verkocht.

Frühstück bekamen sie bei uns im Haus. Mittags aßen sie im Wirtshaus, und wenn dann die Schwammzeit begann, kochten sie immer bei uns in der Kuchl am Herd. Danach hatten wir immer einen Riesenberg Geschirr.

Mich hat eines oft amüsiert: Der Herr Coll hat ständig was im Haus vergessen, hat sich dann unter den Balkon gestellt und „Reli! Reli!" gerufen – seine Frau hieß Aurelia. Sie ist dann sofort gelaufen und hat gefragt: „Jo, Kurtl, wos is denn?" Er brauchte also nur Reli schreien, wenn ihm was gefehlt hat, dann hat er's schon gekriegt. Und das hat er ewig gemacht.

Er hat immer rundum alle Höfe besucht. Kam er nach Rettenegg, sagte er: „Wos gibt's denn heut?" Er hat gern bei den Bauern Mittaggegessen – aber nicht, weil er vielleicht neidig gewesen wäre. Mein Ziehbruder Georg hat den Gardeneau ein bißl bevorzugt, weil der auch ein Jäger war. Die sind oft miteinander gegangen und haben schon Rehböcke gebracht – die dann der Coll wieder photographiert hat. Die Frau Gardeneau hab ich wegen ihrer Schönheit sehr bewundert, daß sie so sanft gerötete Wangen trotz sonstiger Blässe hatte, und dann die schönen Haare! Manchmal dachte ich: Wunder ist es wohl keines, daß sie ein wenig eitel ist, wenn sie so schön ist! Ich mußte für sie in der Küche am Herd morgens immer einen großen Zehnliterhäfen mit Wasser aufstellen, damit sie sich warm waschen konnte, und es ihr vors Zimmer stellen.

Einmal trug es sich zu, daß ich, als die beiden aufstanden, außer Haus war und daher auch nicht hörte, daß sie geklopft hatten, was das Zeichen fürs Wasserbringen war. Als ich es dann bemerkt hab, war sie schon ungehalten und hat bereits sehr heftig geklopft. Ich bin schnell hinauf, dachte mir: „Na, hiatz stell i 's ihr eine!" Ich war, als ich im Zimmer stand, ganz weg und furchtbar enttäuscht! Ich dachte, da steht wer Fremder! Sie stand da, wie sie „natürlich" aussah, und ich wußte damals doch nicht, daß sich ein Mensch schminken und eine Perücke aufhaben kann! Ich konnte nicht einmal „Guten Morgen!" sagen. Sie hatte fast keine Haare, man sah die Kopfhaut. Sie war verlegen, weil sie merkte, was in mir vorging. Ich stellte den Krug ab und ging. Unter der Tür mußte ich mich in meiner Perplexheit noch einmal umdrehen, um mich zu vergewissern, ob das tatsächlich stimmt.

Berufswunsch

Na, du hättst Wünsche!

Ich war sechzehn Jahre alt und ging immer mit dem Gedanken um, ich möchte so gern etwas lernen! Als ich mit meiner Mutter wieder einmal nach Radstadt fuhr, kam ich auch zu einer Näherin. Die mußte damals ein Band für Mutters Hut sticken. Zu dieser wäre ich nun gern in die Lehre gegangen. Darum dachte ich, ich müßte es einmal versuchen, allein nach Radstadt zu kommen. Denn zu sagen, daß man so gern in die Lehre möchte, hätt' man sich nicht getraut, weil man schon gewußt hat, daß man eigentlich zu Hause bleiben müßte, daß das fast so etwas wie ein Seitensprung aus dem richtigen Gefüge hinaus wäre, eine Ausnahme halt! Und es war auch nicht so leicht, daß man allein wo hingekommen ist! Denn erstens hat man ja kein Geld gehabt – das hätte ich wohl zusammengebracht, weil ich ja schon schneiden gegangen bin und den Lohn, der gar nicht so übel war, von der Ziehmutter aus behalten durfte –, und zweitens hätte man das ja nie erlaubt! Ich mußte also alles ganz genau ausklügeln.

Ich mußte über den Roßbrand gehen, denn wenn ich nach Mandling gegangen wäre, das wäre schon einmal auffällig gewesen. Also sagte ich, ich würde gern einmal auf den Roßbrand gehen, unseren Hausberg. Das ist mir ja immer erlaubt worden. Mein Ziehbruder Leonhard war oben Hüttenwirt, und durch viele Botengänge kannte ich mich da gut aus. Der Hütte mußte ich allerdings ausweichen, daß mich die nicht sehen! Wo's nach Radstadt geht, das konnte ich mir beim Blick auf die untenliegende Landschaft schon zusammenreimen.

Ich gelangte tatsächlich nach Radstadt, fand auch die Näherin. Ich hab ihr gesagt, daß ich halt so furchtbar gern Nähen lernen tät. „Na", hat sie gesagt, „i nimm di ohneweiters! Aber holt nit a so! Es muaß ma schon wos zohlt werdn!" Sie könnte mich ja auch nicht gratis verköstigen und so, nicht! Sie sagte mir auch, wieviel sie kriegen müßte pro Monat. Und, wenn das möglich sei, könnte ich jederzeit kommen!

Heimzu bin ich mit dem Zug nach Mandling gefahren und von dort zu Fuß nach Filzmoos gegangen. Wie ich da hereingekommen bin, zu den ersten Häusern, da haben sie mich natürlich gesehen. „Jo, wo kummst denn du heit her?" fragte man. Und so weit kam es tatsächlich auch, daß meine Ziehmutter es wieder erfragt hat, wo ich wirklich gewesen bin. Ich hätt' das lieber geheimgehalten, daß ich bei der Näherin gewesen bin, daß ich überhaupt gefragt habe. „Warum bist denn du von Mandling einakeman, du bist jo am Roßbrand auffe!?" fragte die Mutter. Nein, jetzt wieder das, dachte ich! Hätte ich wirklich nach Radstadt kommen können, wär's mir ja egal gewesen, daß das aufkam, aber so . . .

„Was sollst du jetzt wieder anfangen", fragte ich mich. Meine Ziehmutter, das wußte ich, würde mir das nicht bezahlen. Darum ging ich zum Vater, um ihn um die Bezahlung zu bitten. Na, mein Lieber, da bin ich angekommen! „Na, na!" hat der Vater gesagt:

„Des warn da Tanz! Des hobnt die ondern aa net toan derfn! Na! Du oabeitst do weiter ba da Muatta, und do gibt's ka weiters Umanonda! Aussegehn! Und Nahn lernen! Wos dir olls einfollt! Du hättst Wünsche!"

Ach, jetzt war's halt wieder nichts! Ich mußte jede Hoffnung fallen lassen aufs Lernengehen. Ich wußte nun genau, der Vater zahlt's nicht, die Mutter hat's nicht zahlen können – das war mir schon klar, sie hat sich selber schwer getan, die Einnahmen im Bögrein waren ja geringer.

Mir tat's schon sehr leid! Zudem wurde dann halt doch wieder geredet in so einem kleinen Dörfl: „De war gern nahn gongen, stell dir vor! Wos de si einbildt!" Das haben sie immer ein bißl herausgebracht – und dabei ist mir Unrecht geschehen –, daß ich mir mehr einbilde. Es wurde mir viel Schlechtes nachgesagt, das war immer wieder so! Ich war so ein rühriges Ding, und die Leute . . .

Ich hab alles leicht erfaßt, das Tanzen und alles. Dadurch hatte ich mehr „Bewerber" als andere. Und das hat halt dann wieder nicht so richtig Platz gehabt. War wohl Eifersucht dabei, und da wurde schon recht schlecht geredet! Da hab ich gelitten darunter.

Die Mutter meinte, daß sie mir das vorher schon sagen hätte können, daß mir der Vater das nicht zahlen würde. Da bin ich schon eher meinen Illusionen nachgegangen. Sie hatte mich ja zuerst mitgenommen; andere haben so etwas unter Umständen gar nicht gesehen, und gehandarbeitet hab ich furchtbar gern – so entstand halt der Wunsch.

Nach der Arbeit hab ich gern gehandarbeitet. Das war ab dem Spätherbst vom Arbeitsaufwand her möglich, und in Bögrein hatten wir schon elektrisches Licht. Nachdem dieses bezahlt werden mußte, durfte ich nicht gar zu lange aufbleiben. Wo anders hätte

94

man das überhaupt nicht erlaubt, aber meine Mutter war furchtbar gut. Ich hab oft bis nach Mitternacht gestickt. Das ist ihr dann schon ein bißl viel geworden, und sie hat gesagt: „Na, so long derfst nit do ba dera Orbeit bleibn!"

Ich stickte da zum Beispiel ein Handtuch, wo draufsteht „Guten Morgen!", dann wieder einmal ein Hangerl mit frommem Spruch drauf, das für den Hausaltar bestimmt war; und Wandschoner, die man früher sehr oft hatte. In meinem Eifer, eine dieser Handarbeiten fertig zu machen, wurde es eben oft spät, und das hätte nicht sein sollen. Aber geschimpft hat meine Mutter auch wieder nicht so arg; weil sie anerkannt hat, daß ich das so gern tu. Bös war sie deshalb nicht!

Wie gesagt, sie war die beste Ziehmutter, die man sich hätte wünschen können! Ich hatte sie so richtig gern! Sie hat sich recht gefreut, wenn sie jemand ein bißl geführt hat. Ich hab sie darum bei der Hand genommen, wenn wir zum Beispiel nach Mandling hinaus gegangen sind. Mir hat halt das so gepaßt! Mit der Mutter hab ich so gerne mitgehalten, erzählt hat sie mir mitunter beim Gehen auch etwas.

Ich bin immer gern um meine Mutter herumgewesen. War auch als Kind schon stolz, daß die Mutter, wenn ihr Bekannte in meiner Anwesenheit nicht das Herz ausschütten wollten, immer sagte: „Na, 's Dirndl sogt scho nix! Do mogst scho redn!"

Schwere Erkrankungen

Gehst hoam einche und hilfst eahn!

Bögrein war nicht groß. So sind wir immer früher fertig geworden, als die zu Hause in Rettenegg. Da sagte dann die Mutter immer: „So, jetzt gehst hoam einche, und hilfst eahn dahoam nou ba da Heioabeit!"

So geschah es auch einmal zwischen Heumahd und Kornschnitt. Mit diesen Arbeiten war man zwar zu Hause soweit auch schon fertig, mußte aber noch zur Mahd auf die dazugehörige Alm. Und auch dorthin mußte ich mit. Als wir oben ankamen, war das Wetter noch schön. Es wurde viel gemäht. Mein Bruder, der Florian, der hat immer so weit hinuntergemäht in den Wald beziehungsweise in einen unwegsamen Graben. Hier gab's einen recht feuchten , in dem viel Futter unten war, und Florian hat sich eingebildet, daß das auch noch heraufkommen müßte. Ich dachte mir schon: „Ach würde der Flori doch endlich einmal zu mähen aufhören."

Dann begann's zu regnen. Wir mußten das Futter in unseren Schürzen herauftragen. Der Regen wollte nicht aufhören, und wir wurden ganz naß. Abends hatten wir nirgendwo Möglichkeit, unser Gewand zu trocknen. Ober dem Kuhstall mußten wir nächtigen. Der Sennerin Thresl war das Futter ausgegangen – drum mußten wir auf den bloßen Prügeln schlafen, ohne etwas drunter, nur mit ganz harten Roßdecken, die man im Winter zum Fuhrwerken hatte, drüber; im naßen Gewand, denn irgend etwas mußten wir ja auch am Leibe haben, konnten uns ja nicht im bloßen Hemd auf die Prügeln legen!

Mir war schon die ganze Nacht kalt, ich konnte deswegen nicht schlafen. Am nächsten Tag war das Wetter noch schiacher, es hat noch mehr geregnet, es ist noch kälter geworden. Wir mußten in einem Holzschlag weit oberhalb der Alm beeren; mit dem Riffel Schwarzbeeren sammeln, zum Schnapsbrennen. Meine Kleidung war immer noch nicht trocken. Und da draußen wurde ich ein weiteres Mal naß. Kalt ist es gewesen, und ich fühlte mich elend.

Johann Hofer, Rettenegg-Bauer, Barbaras Vater; auf dieser Abbildung sitzt er korbflechtend vor seinem Hof. „Mein Vater hatte
mehrere Berufe: Er war Bauer, er war Jäger, und er war Besitzer
einer Säge. In jedem Beruf hat er gearbeitet (...)"

Maria Salchegger, ihre Töchter Maria und Anna und die Ziehtochter Barbara Passrugger (ca. 4 Jahre alt). „Meine Ziehmutter, die beiden Ziehschwestern Maria und Anna und ich." – „Daß ich trotzig war, erkenne ich zum Beispiel an der Erinnerung, daß ich mich auf gar keinen Fall photographieren lassen wollte. Es gibt sogar noch ein Bild, auf dem man das deutlich sieht: Ich schau ganz finster drein, nicht freundlich, sondern richtig zuwider. Das kommt daher, daß ich schon gar nicht wollen hab, man mußte mich zum Photographieren vors Haus zerren."

Ganz rechts steht der Schwaigbauer, in der Mitte der Vater Barbaras, Johann Hofer, und neben ihm ein junger Bauer. Die Bauern handelten nach dem Kirchgang, besprachen verschiedene Dinge, regelten die Zusammenarbeit. Barbaras Vater hatte vor allem wegen der Säge in dieser Hinsicht viel zu erledigen. „Da hat's immer geheißen: ‚Mit 'm Schwaigbauern', oder mit dem Sowieso, ‚muaß i noch da Kirchn aa no redn!'" – „Dem Schwaigbauern hat der Vater Bretter geschnitten."

Barbara Passrugger, Georg Mandl und Georg Salchegger, der Bögreinbauer, beim Heuaufladen. Georg Mandl war der illegitime Sohn des abgebildeten Ziehbruders. Barbara arbeitet hier mit einem langstieligen Holzrechen, der Bauer lädt auf, und Georg verteilt das Heu auf dem Wagen.

Hans Hofer, der älteste Bruder Barbaras, und Alois, Ziehkind und später Knecht auf dem Rettenegg-Hof, mit dem Ochsen beim Mistausstreuen.

Der drittälteste Bruder, Franz, mit seiner Frau, Maria Hofer, beim Pflügen. Im Hintergrund sieht man den Pilzhof vor dem Panorama der Bischofsmütze.

Ein Musterungsphoto vor dem Zweiten Weltkrieg. Rechts von Barbara ihr Bruder Franz. Daß Frauen, wie hier Barbara, auch ins Bild kamen, war sehr selten der Fall. Barbara arbeitete damals in Radstatt. Die Brüder besuchten sie an ihrer Dienststelle und wollten unbedingt, daß auch sie auf diesem Erinnerungsphoto abgebildet wird.

[Linkes Sterbebild:]

Zum frommen Andenken im Gebete
wird empfohlen der ehrengeachtete Jüngling
und tapfere Krieger

Josef Salchegger

Oberbesitzsohn in Filzmoos, Korp. b. t. u. t.
Inf.-Reg. Erzb. Rainer Nr. 59, 2. Feldkomp.

welcher, geboren am 31.
August 1888, von 1914
bis 1917 mehrfach ausgezeichnet, gegen Rußland und Italien im
Felde gestanden, einmal
von einer feindlichen
Kugel am Bajonett
getroffen, am 17. Nov.
1917 bei Cismon in Traulien von einer feindlichen
Granate zu Boden geschleudert, schließlich infolge Erfrierung des linken Fußes nach unsäglichen Leiden, wohlversehen am Josefitage 1918
im k. u. k. Spitalzug Nr. 14 Wien für sein
Vaterland starb und am 22. März in seiner
Heimat feierlich bestattet wurde. R. I. P.

Als Rußland glerig seine Würentatze
Erhob zum Schlage auf mein Vaterland,
Da nahte feige auch die weiße Natze.
Doch Österreich wehrte sich mit starker Hand,
der Beste feig...
Begeisterung trug wie auf Ädlerschwingen.
Auch mich hinaus zum Kampf für Haus u. Herd.
Im Nord und Süd half ich den Sieg erringen,
Nun ruht nach Jahren, großen Lohnes wert,
Mein Geist in Gott und still im Frieden.
Doch euch verlasset...
Am Würfelspiel das mit eure Lieb' beschließen.
Ihr seid traurig, aber ich werde euch wiederkehren.
(Job. 16, 22.)

Heiliger Josef, Freund des Herzens Jesu, bitt' für
uns. (300 Tage Ablaß)

[Rechtes Sterbebild:]

Christliches
Andenken
an unsern
lieben Bruder
Jäger

Florian Hofer

gew. Besitzer zu Haidegg in Filzmoos

der, geb. am 2. II. 1907, an der
russischen Südfront, am 29. April
1943, im Kriegslazarett 927 für's
Vaterland gestorben ist und auf
dem Soldatenfriedhof am Bahnhof II
zu Saporoshje (Dnjepr) mit allen
militärischen Ehren bestattet wurde.

Er ruhe im Frieden!

O Heimat schön, mit Bergen hoch und
dunklem Wald! / Du warst mir tief ins
Herz gegraben. / Ein Stück davon konnt'
ich zu eigen haben. / Da zog's mich hin
mit Allgewalt, / Als mich der Krieg, der
finst're Mächte schufen, / Vom Pfluge weg
zum Heldenkampf gerufen. / Ein höh'rer
Wille hielt mich fest im Vaterland /
Und lehrte mich auf frohe Wiederkehr
verzichten / Und, was Soldatenpflicht ist,
treu verrichten, / Bis ich die ew'ge, unvergleichlich schön're Heimat fand.

0401

„Doch dann kamen für alle ganz harte Zeiten!" Die Sterbebilder des gefallenen Ziehbruders und des Bruders dokumentieren die geänderte Einstellung der Bevölkerung zum Krieg: Während im linken Sterbebild des Heldentodes im „Kampf für Haus und Herd" gedacht wird, ist in der rechten Abbildung der Ton schon weit verhaltener. Florian Hofer war Pazifist und ist deshalb auch desertiert. Er hat sich nach Barbaras Aussage nie in Uniform photographieren lassen!

Barbara Passrugger (1941) mit ihrem Verlobten Rupert, der an der
Front Streifschüsse an der Schulter und am Hals erlitten hatte.
„Mitte Juli konnte er heimkommen für fünf Wochen Genesungs-
urlaub. Meine Freude war groß. (...) Diese Woche war die schön-
ste Zeit meines Lebens." Anfang September erhielt Barbara die
Nachricht, daß er gefallen sei.

Danach wurde ich dann sehr krank. Ich kriegte die Kopfgrippe. Von der Alm mußte ich mit dem Ochsen hinuntergeführt werden, denn ich konnte nichts mehr essen und so. Mein ganzer Haarreichtum – ich hatte dichte, bis zu den Knien reichende brünette Haare – ist verlorengegangen. Wenn ich mit der Hand durchs Haar gefahren bin, konnte ich ganze Strähnen herausziehen. Ich hab die Kopfgrippe aber, Gottlob, überlebt! Von da ab hab ich das schon ein bißl gefürchtet, wenn ich nach Rettenegg hab arbeiten gehen müssen, daß ich wieder einmal da hinaufkommen könnte!

Eine andere, grausliche Krankheit verfolgte mich vom sechzehnten bis ins achtzehnte Lebensjahr. Ich hatte unmögliche Halsschmerzen. Es war alles verschwollen, Mund und Hals. Konnte die Zähne nicht mehr auseinanderbringen. Mit großer Mühe konnte ich einige Tropfen Milch oder Wasser hinunterbringen. Auch das Reden war nicht mehr möglich. Es hat mich keiner verstanden. Diese Krankheit hatte ich jährlich zwei- oder dreimal, und es dauerte, bis es besser wurde, immer zwei bis drei Wochen. Ich weiß heute noch nicht, was das für eine Krankheit war.

Es kam nie ein Arzt zu mir. Es wurde nie Fieber gemessen. Damals kannte ich noch keinen Fiebermesser. Ich glaube, die anderen Leute auch nicht! Während der Krankheit mußte ich im Bett bleiben, ob ich das nun wollte oder nicht. Außer Bett wäre ich umgefallen, so schwach war ich in den Füßen. Diese Schwäche hat mir jedesmal sehr zu schaffen gemacht, auch noch dann, wenn die Krankheit ausgeheilt war.

Die erste Liebe

So a junger Fratz, möcht do aa schon dabei sein!

Im Frühling des Jahres 1926 kamen Maler nach Filzmoos, um die Kirche auszumalen. Von den vier Männern waren zwei junge Burschen aus Kuchl und Golling dabei, so ungefähr fünfundzwanzig Jahre alt. Auf unserem Feld nahe der Kirche und dem Pfarrgarten wurde Flachs angebaut. Meine Ziehschwester und ich mußten das Unkraut aus dem Flachs jäten. Da haben halt die Maler auch über den Zaun geschaut, und bald wurde ganz lustig geplaudert.

Anfang Juni mußte ich für meine erkrankte Schwester auf die Alm. Das hat der eine der Maler, der Eduard, bald herausbekommen und kam micht öfters besuchen. Als er für Filzmoos ein Waldfest organisierte, brachte er es natürlich soweit, daß ich seine Waldfestpartnerin wurde. Zu den Proben für dieses Fest holte er mich mit dem Fahrrad ab, denn die Gehzeit vom Dorf zur Alm ist eine gute Stunde.

Trotz meiner Befürchtungen, daß mein Vater alles zunichte machen werde, geschah weiter nichts. So kam der Tag des Waldfestes heran.

Es war so lustig dabei, wie in meinem ganzen Leben nie mehr. Es wurden viele nette Spiele aufgeführt, und alles war bestens gelungen. Es gab den Bandltanz, die schönen, volkstümlichen Steirertänze, Hahnanbohren, Scheibtruhenfahren, Wettlaufen, Sackhüpfen und noch so manches andere.

Ja, Freude über Freude! A Gaudi war's und so lustig. Von den Dirndln, die damals alle ihre Haare hochgesteckt getragen haben, kam keine ans Ziel, ohne daß nicht ihre Zöpfe auf die Schultern gefallen und das ganze Haarnadelzeug verloren gewesen wäre. Die ist man dann halt suchen gegangen.

Am anderen Tag wurde ich verständigt, daß ich zu meinem Vater kommen müßte. Ich zitterte am ganzen Körper vor Angst.

Es gab ein fürchterliches Donnerwetter. Ich hätte Unheimliches verbrochen, mit meinen sechzehn Jahren bei diesen Ausgelassenheiten dabeizusein. Es sei eine Schande für die ganze Familie, und er sei nicht einmal um Erlaubnis gefragt worden.

Daß er gefragt werden mußte, wußte ich wohl zu gut; daß er es nicht erlaubt hätte, wußte ich aber genauso gut! Nach der Zurechtweisung durch den Vater war ich unsagbar traurig. Mir kam vor, ich kann nicht mehr leben. Hätte ich mir selber nicht sagen können, daß ja nichts Unrechtes geschehen sei, hätte ich wohl nicht mehr durchgehalten.

So war es immer in diesem Alter: Wenn es um die Arbeit ging, hieß es: So a olte Gsellin könnt die Orbeit net dermochn, dos wär noch a Schand! Ging es aber um eine etwas lustige Unterhaltung, wo eins gerne mitgetan hätte, dann hieß es: So a junger Fratz, möcht do aa schon dabei sein! Do gibt's nix!

Eines muß ich aber schon auch sagen: Beim Waldfest waren in meinem Alter, also 1910 Geborene, tatsächlich keine dabei. Alles Ältere. Die in meinem Alter waren, so lange es hell war, bei den Zuschauern, dann mußten sie heimgehen. Es gab dann viel Eifersüchtelei; ich so jung und Partnerin vom Hauptveranstalter, da gab's Gerede und auch Lügen über mich.

Meine Ziehmutter hatte ich ja gebeten, mitmachen zu dürfen. Und die erlaubte es mir unter zwei Bedingungen: erstens, daß ich meinen Vater bitte um Erlaubnis, und zweitens, daß ich dafür sorge, daß meine Arbeit an dem betreffenden Tag vollkommen und ordentlich geschieht. Die erste Bedingung hatte ich übergangen, weil ich nicht den Mut dazu hatte und ich vom Verbot durch den Vater überzeugt war, aber doch gar zu gern mitgemacht hätte.

Die zweite Bedingung war nicht so schwer zu erfüllen. Ich habe eine Nachbarsennerin gebeten, mir einmal ausnahmsweise auszuhelfen. Das war eine ältere, etwas behinderte Frau; ich hatte ihr vorher schon einige Male geholfen, wenn ihr Leiden arg war. Sie hat zuerst nur herumgejammert und gemeint: „Doß dir dos dei Vota dalabt, vasteh i wohl net! Na, so wos!" und Ähnliches mehr. Aber sie war eine sehr pflichtbewußte Person, und ich war mir sicher, daß sie die Arbeit ordentlich machen wird. Ich hab sie dann mit einer schönen Kaffeeschale belohnt, die ich selbst geschenkt bekam, und mein Waldfestpartner gab ihr etwas Geld. Sie war recht zufrieden.

Meiner Ziehschwester, die ich auf der Alm vertrat, ging es mit der Weile auch wieder besser, und so mußte ich Mitte August wieder zum Heimgut, und sie kam auf die Alm. Nach diesem Zeitpunkt wird die Almarbeit allmählich leichter, die Milcharbeit weniger, so manches Vieh vom Besitzer wieder geholt und auf die Viehmärkte gebracht. Die Ziehschwester durfte noch keine schweren Lasten tragen und heben. Der Getreideschnitt, der nun für uns anging, war für sie zu schwer. Ich mußte also gehen. In der Augusthitze ohne Sonnenschutz den ganzen Tag am Feld, das war oft unsagbare Anstrengung.

Ich mußte noch aus einem anderen Grund beim Kornschnitt in diesem Sommer allerhand aushalten. Es wurde von den Schnitterinnen viel getuschelt und getratscht. Böse Mäuler wußten, ich hätte wegen der Burschen wieder heim müssen. Die seien jede Nacht bei mir drinnen gewesen, was ja gar nicht gestimmt hat. Ich war dann oft sehr, sehr traurig, und ich hatte keinen Menschen, dem ich vertrauen konnte.

Die Kirchenmalerei ging auch dem Ende zu, und meine Freunde fuhren wieder heim. Einer von beiden war aus Kuchl, der andere aus Golling. Der aus Kuchl hatte sich mit seiner Tanzpartnerin vom Waldfest angefreundet. Die war einige Jahre älter als ich. Sie hat ihm dann aber nicht mehr gefallen, und es ging bald wieder auseinander mit den beiden. Gerächt hat sie sich dann an mir, obwohl ich nichts dafür konnte. Sie hat böse Unwahrheiten über mich verbreitet. Es war so, daß früher alles genauso wie heute gemacht wurde, nur eben heimlich und versteckt. Genau das wollten die beiden Burschen nicht.

Verabschieden mußten wir uns auch heimlich. Dort, unter dem Baum, wo ich wegen meines Schulaustritts geweint hatte. Wir haben uns ausgemacht, daß wir einander schreiben wollten. Ich bekam aber nie Post von ihm.

Eines Tages ist er dann mit dem Fahrrad nach Filzmoos gefahren und hat gesagt, er kenne sich nicht aus, warum er von mir keine Post bekäme. Ich hatte aber geschrieben. Beide bekamen wir unsere Post nicht. Wo die hingekommen ist? Ich glaube, man hat sie abgefangen. Man hat wohl erkannt, da könnte etwas „mehr" draus werden, und das hat absolut nicht sein dürfen. Ich war ja viel zu jung damals, erst sechzehn Jahre alt. Wir schrieben uns dann nicht mehr. Ich sagte, es helfe eh nichts, ich wisse, daß es nicht sein darf und alles dagegen ist, und das hat er eigentlich zur Kenntnis genommen. Denn die letzte Zeit, die er in Filzmoos verbracht hatte, hat man auch ihm übel mitgespielt. Es gab im Dorf Jugendliche, denen das nicht recht war, daß da jemand von draußen daherkommt, sich hier ein Mädchen nimmt, das eigentlich für sie bestimmt war, und den Vermittler für ein Waldfest spielt. Dabei war schon zu sehen, daß die jungen Buben aus dem Dorf das selbst nicht geschafft hätten, das ordentlich zu organisieren.

... und niemand wußte, wer der Vater sein könnte

Trotz aller Heimlichkeiten kamen Liebschaften immer wieder ans Tageslicht. Meine Ziehschwester bekam ein lediges Kind. Jedes Mädchen, das damals in diese Lage kam, konnte man nur bedauern. Meine Ziehmutter war auch ganz enttäuscht darüber. Wegen der Verwandtschaft, wie sie sagte, war's wohl das Furchtbarste.

Die Mutter mußte dann zu einer Verwandten gehen und es ihr selbst sagen, damit sie es wenigstens nicht von anderen Leuten erfahre. Die Verwandte hat sie dann geschimpft und hat ihr gesagt, sei sei zu nachgiebig, weil das ihrer älteren Tochter auch schon passierte. Diese bekam 1917 ein Kind. Ich war damals erst sieben Jahre alt, und doch bekam ich schon etwas mit aus den Gesprächen der Dienstboten.

„Ja, und auf dei Ziehdirndl kannst aa scho aufpassn, von der hört ma aa nix Gscheites!" sagte die Verwandte zu meiner Ziehmutter. Dabei war sie mir selbst ja überhaupt nicht verwandt, hatte auch Töchter, ihrer Meinung nach so brave – was man damals noch von Erwachsenen sagte! Eine davon war auch Sennerin. Bald wurde über sie gemunkelt, daß sie schwanger sei, und niemand wußte, wer der Vater sein könnte. Der jüngste Knecht wurde von ihren Eltern über Nacht davongejagt. Er war erst siebzehn Jahre alt und von armer Abstammung. Die Schwangere war schon vierunddreißig Jahre alt.

Schwangerschaft

Sie sind unrein, hieß es

Für ledige Mütter war es ein großes Problem, daß sie zum Pfarrer gehen und für ihr „Vergehen" Abbitte tun mußten – noch vor der Geburt des Kindes. Um die Rüge des Pfarrers etwas zu lindern, wurden ihm Geschenke mitgebracht. Von den Eltern der vierunddreißigjährigen Bauerstochter bekam er ein großes, schönes Meßbuch. Sie wollten ja auch gleichzeitig für die Kirche etwas tun. Er benützte dann dieses Buch nur an den festlichsten Tagen.

Meine Ziehschwester jammerte und weinte und schob das Abbitten-Gehen immer wieder hinaus. Sie hatte richtige Angst. Aber einmal faßte sie doch den Mut dazu, machte sich mit einigen Eßsachen und einer kleinen Marienstatue als Geschenke auf den Weg. Aber wie sie dann erzählte, hat er ihr ganz arg die Leviten gelesen.

Da war noch etwas, das mir trotz meiner Jugend schon zu denken gab, das ich für einen Unfug hielt: Alle Mütter mußten – egal, ob ihre Kinder ledig zur Welt kamen oder nicht – nach der Geburt vor der Kirche warten und durften erst mit dem Pfarrer in die Kirche hineingehen. Sie sind unrein, hieß es. Beim Marienaltar mußten sie dann hinknien und beten, damit sie wieder gereinigt werden. Das war meistens sonntags vor dem Gottesdienst. Bis der Pfarrer kam, mußten sie oft lange stehen und warten, auch im Winter.

Wurde einer in der Kirche schlecht, wurde gleich gemunkelt, daß sie schwanger sei, vor allem dann, wenn es sich um jüngere Ledige handelten. Es war gar nicht so selten der Fall, daß Frauen oder Mädchen auf einmal umgefallen sind, von Männern weiß ich's nie. Es waren das aber nicht nur Schwangere, sondern wohl auch gesundheitlich Schwache, die oft noch nicht gefrühstückt hatten und zeitlich in der Früh ihre Pflichtarbeiten machen mußten, denen wurde es einfach zuviel.

Einmal geschah das gerade ein paar Betstühle vor mir. Wir standen alle auf, weil das Evangelium gelesen wurde. Plötzlich fiel eine etwas ältere Frau um. Zwei Männer von der Nebenseite packten sie gleich unter den Armen und schleiften sie aus der Kirche. Es wurde weiter nichts gesagt als: „Der ist schlecht geworden!"

Tragisch empfunden habe ich es, als ich erwachsen wurde, wenn man in der Kirche von der Regel überrascht wurde. Da kam manch eine in eine ungute Situation. Man sah das auch auf den Betschemeln vom Kirchenstuhl, wie vielen es so ergangen sein muß. Es waren Blutstropfen und Flecken in den Frauenstühlen. Es gab keinen Schutz. Nicht einmal eine Unterhose durfte man anziehen. Ich hätte früher auch nicht einmal eine gehabt. Der lange Rock nützte in diesem Fall auch nicht. Blieb man knien am Schemel – und das mußte man fast, denn das Hinsitzen auf die Bank wurde einem ohnehin als Faulheit ausgelegt – wurde am Knie im Rock ein Blutfleck. Zum Sonn- oder Festtags-Hochamt mußten wir gehen, wenn wir auch schon wußten, daß wir dran waren.

Und auf einmal war ein Kind da . . .

Noch einmal zu den ledigen Müttern: Für sie war's, weil man die Schande im Dorf fürchtete, auch zu Hause recht arg. Das war sogar bei meiner sonst gütigen Mutter so. Damals, als meine Schwester 1917 ein lediges Kind bekam, war im ganzen Haus eine gedrückte Stimmung. Zu Beginn hab ich mich nicht ausgekannt. Ich sah halt die Mutter weinen und ganz traurig sein. Dann merkte ich, daß sie mit meiner Ziehschwester Maria schimpfte, daß ihr dann wieder das und das nicht recht gewesen ist. Das wollte mir alles nicht zusammenpassen.

Und auf einmal war ein Kind da, und ich durfte damals nicht bei der Mutter im Stüberl schlafen – das hat mir alles miteinander zu denken gegeben. Daß der Kriegsgefangene, ein Russe, vom Hof mußte, hab ich auch nicht verstanden. Dessen Chef oder Kommandant – ich weiß nicht mehr, wie der genannt wurde – ist aus dem Stadl gekommen und hat ihn weggebracht. Das verstand ich nicht, der Gefangene war nämlich ein recht lieber Mensch. Aufschluß über den Sinn der Ereignisse gab mir dann, wie gesagt, das Gerede der Dienstboten.

Mir kommt vor, früher wurde alles zu streng gehalten, und jetzt sind mir die Sitten fast schon zu frei. Hätte es in meiner Jugendzeit nur halb solche Freiheiten gegeben, ich glaube, meine Jugend wäre viel glücklicher und sorgloser verlaufen. Man war in allem gehemmt. War mal eine lustige Unterhaltung, dann wurde immer von irgend jemandem so nebenbei aufgepaßt. Ich blieb dann lieber daheim und war manchmal sehr traurig; ich hatte niemanden, mit dem ich reden konnte oder durfte. Ich mußte sehr kämpfen, daß ich nicht den Mut verlor. Vor dem Dunkelwerden ging ich dann zum Grab meiner Mutter oder in die Kirche beten. Darüber, daß ich dabei vom Mesner-Lipei fast einmal in der Kirche eingesperrt wurde, kann ich heute wohl lachen.

Tod der Ziehmutter

Man nahm Feldblumen

Zu Johannis war's, im Juni, als meine Ziehmutter zu meiner Ziehschwester sagte, daß sie Knoten fühlte in der Brust, welche sie unter der Haut etwas hin- und herschieben konnte. Wenn sie nicht draufdrückte, täten sie ihr nicht weh. Mit der Zeit, nach ein paar Wochen, bekam sie dann doch Schmerzen. Dann ging sie zum Arzt. Sie hatte Brustkrebs.

Dann war die Operation in Sankt Johann. Die Wunden heilten, aber die Knoten vermehrten sich. Und dann ist es immer schlimmer und immer schlimmer geworden. Im Herbst war sie noch soweit, daß sie in die Kirche hinüber hat gehen können. Aber die ganze Messe schaffte sie nicht mehr. Sie hat früher nach Hause gehen müssen. Um die Weihnachten herum ist sie dann gar nicht mehr aus dem Bett herausgekommen.

Und immer mehr Schmerzen. Sie mußte furchtbar leiden. Man hatte damals nichts gegen die argen Schmerzen, es gab keine Morphiumspritzen. Ich hab gar nicht mehr zu ihr hineingehen wollen, weil ich gesehen habe, daß sie so leiden muß.

Am Vortag zum Heiligen-Drei-König-Tag hat uns mein Bruder Stefan, der damals in der Landwirtschaftsschule war, besucht und gesagt, er möchte auch gern zur Mutter. Wir, meine Ziehschwester und ich, haben dann schon gesagt, daß wir das nicht gern sehen, weil sie ja schon so schwach sei. Aber er hat darauf bestanden, sie unbedingt noch einmal zu sehen. Wir baten ihn, sich nicht allzu lange bei ihr aufzuhalten.

Und das war so eigenartig: Sie hat mit ihm geredet,

wie sonst auch immer. Und gefreut hat sie sich so über seinen Besuch. Die Freude war dann auch auf Steffls Seite, und als er aus ihrer Stube herunterkam, sagte er: „So letz is d' Muatta net, wias es teats!" Sie habe sich sehr für seine Schule interessiert, was wohl ein Beweis dafür sei, daß es ihr nicht so schlecht gehe. Es war aber nur die geschätzte Aufmunterung, die ihren Zustand verbessert hatte. Sie hat von da an nur noch einen Tag gelebt. Sie ist in der Nacht vom 6. auf den 7. Jänner gestorben. Um meine Mutter tat mir furchtbar leid.

Aufgebahrt ist sie zu Hause geworden. Wir haben Holzblöcke aufgestellt, wie wir sie auch zum Holzschneiden hatten. Darauf haben wir Bretter gelegt, vorne – durch ein untergelegtes Kantholz – höher, hinten niedriger. Durch die Tücher – man nahm die schönsten Leinentücher, die man hatte – wurde dann alles verdeckt. Ein kleines Tischerl hinten herangerückt, auf dieses Heiligenbilder hingestellt, Glasstürze mit Marienstatuen, Blumenvasen und Kerzen. Im Sommer nahm man Feldblumen – war's ein prominenter Toter, ganz viele – und Zierblumen; ab Herbst dann war's Grass und Kunstblumen.

Selber wurde dann auch im Haus ein Kranz gemacht, gleicherweise aus Feldblumen oder Tannenzweigen. Seitlich vom Tischerl stellte man dann die aus der Kirche entliehenen hohen, vergoldeten Kerzenständer auf. Für gewöhnlich blieb der Leichnam zwei Tage lang im Haus. Das hat sich aber mit den Feiertagen so ausgehen müssen, sonst blieb er länger liegen.

Ständig wurde Rosenkranz gebetet. Man war bemüht, daß damit nie aufgehört wurde, daß man sich ständig ablöste, bis spät in die Nacht hinein. Für nachher wurde eine angestellt, das war meist eine ältere Frau, die aufs Licht aufpassen hat müssen. Die mußte eigentlich die ganze Nacht bei der Leiche bleiben und immer schauen, daß wenigstens eine Kerze brannte.

Das Begräbnis meiner Ziehmutter war recht schön. Es kamen sehr viele Leute. Sogar von auswärts. Sie hatte sehr viele Leute gekannt.

Klettern

Traust di auffe üba die Südwond?

Im Sommer ging ich mit meinem Bruder in die Südwand des Dachsteins. Wäre die Mutter noch gewesen, die hätte wohl gesagt: „Na! Unterstehts enk!" – Und der Vater ist nicht gefragt worden. Er wußte ja gar nicht, was ich so die ganze Zeit in Bögrein drinnen tat.

Mein Bruder Franz war Bergführer. Er fragte immer: „Traust di auffe üba die Südwond?" Ich meinte, das müsse wohl er wissen, ob das zu machen sei. Nur die besten Kletterer sind damals da hinaufgekommen. Von der Hütte auf der Alm, wo wir im Sommer immer heuen waren, haben wir mit dem Fernrohr in die Südwand hineingeschaut. Wir wollten es einmal probieren.

Das mußten wir natürlich geheimhalten, erlaubt hätte man uns das nicht! Auch meinem Ziehbruder, der nach Mutters Tod im Bögrein Bauer war, sagte ich nichts. Nur, daß wir auf die Südwand-Hütte wollten. Am 30. August 1931 sind wir hinauf. Dort sind wir über die Nacht geblieben und zeitlich in der Früh aufgestanden. Am selben Tag wollten zwei andere Bergsteiger das Gleiche wie wir unternehmen. Sie hatten schon vor uns die Hütte verlassen, dem Hüttenwirt, wie es üblich war, die Route, die sie gehen wollten, gesagt. Bis zum Einstieg in die Südwand hatten wir sie schon eingeholt, schließlich sogar überholt. Wir wollten die schwierigste Tour wagen, die Steiner-Route. Das getrauten wir uns in der Hütte nicht zu sagen. Mein Bruder machte schon eine Andeutung, aber die hat man nicht ernst genommen.

Nach dem Einstieg begann die Kletterei, dann kamen die Kamine. Mein Bruder führte mich am Seil, es wäre mir aber auch so nichts passiert. Vielleicht siebzig bis achtzig Meter unterm Gipfel hab ich zu Franz gesagt: „Na! I bin so miad! So miad!" Die Kamine waren sehr anstrengend. Er drückte mir eine halbe Zitrone und Würfelzucker in den Mund. Dadurch wurde ich wieder bedeutend stärker. Und dann am Gipfel oben sein, und die Müdigkeit war weg, als wenn ich nie eine gehabt hätte, so groß war die Freude, die erste Frau gewesen zu sein, die über die Steiner-Route gegangen ist. Hinunter sind wir den normalen Abstieg, eine ganz einfache Route, ich möchte fast sagen „gehüpft", so glückselig waren wir.

Es war ein herrlicher, wolkenloser Tag, dieser 31. August 1931. Wir waren nur drei drei viertel Stunden unterwegs, das war Rekordzeit, sonst benötigte man dazu sechs. Um drei Viertel neun Uhr waren wir oben, um drei Uhr wieder auf der Hütte zurück und schauten dort mit dem riesigen Fernrohr nach, wie weit es die anderen gebracht hatten. Die waren noch nicht einmal bis zur Hälfte der Südwand vorgedrungen. Gott, wir waren jung – ich einundzwanzig, mein Bruder siebenundzwanzig Jahre alt – und kräftig.

Mich hat es außerordentlich fasziniert, da hinaufzugehen. Ich war die erste Frau, der das gelungen ist. Vorher war ich mit meinem Bruder auch auf die Bischofsmütze und auf den Eiskarl-Spitz geklettert, bis er mir schließlich auch die Dachstein-Südwand zugetraut hat. Nach dieser Tour hat er oft noch bewundernd gesagt: „Na, daß da du des traut host!" Ich bin nämlich über das sogenannte Salzburger Bandl, über das man sich normalerweise nur mit beiden Händen hinüberhandeln kann – auch mein Bruder machte das so – gegangen!

Drei Wochen nach unserem Erlebnis kam der Vater zum Steiner Franz, der die Erstbesteigung dieser Route geschafft hat, nach Mandling. Er war ein Freund des Vaters und sagte ihm: „Du host ma schön wos antan, daß d' dei Dirndl do üba unsre Kletterroute schickst!"

Der Vater fiel aus allen Wolken. Er wußte aber nicht recht, wie er sich verhalten sollte: Darauf, daß es mir gelungen ist, war er stolz – vor allem vor seinem Freund Steiner –, aber immerhin, man hatte ihn übergangen. Nach Hause zurückgekehrt, fragte er uns, ob wir auf dem Dachstein gewesen seien. Wir sagten nichts, ich spürte, wie es mir im Gesicht ganz heiß wurde.

Der Vater saß da, stopfte seine Pfeife mit großer Sorgfalt, wie er es meist dann tat, wenn ihm etwas nicht paßte. „Jo, reds do!" sagte der Vater. Ich hab absolut nichts sagen wollen; Franz hat gesagt: „Jo, am Dochstoan san ma scho gwesn!" – „Jo, wo seids auffe?" – „Scheinboa woaßt as eh!" hat mein Bruder gesagt. Ich bin schön still geblieben.

Eigentlich wollte der Vater nicht schimpfen, weil er ja selber Bergsteiger war und um die Anstrengung und Leistung Bescheid wußte. So sagte er nur: „Jo mei, sogn hätts es aa kennan!" Aber mein Bruder und ich waren auch noch im nachhinein davon überzeugt, daß er es nicht erlaubt hätte. Von unserem Abenteuer haben viele Leute erfahren. Manche reden heute noch davon.

110

Zurück nach Rettenegg

Aso hob mas ollweil ghobt
und is am bestn, mochst es weiter!

Bis zum Herbst 1931 bin ich in Bögrein geblieben.
Dann heiratete mein Ziehbruder Georg meine Schwester Anna. Danach mußte ich nach Hause, nach Rettenegg. Meine Schwester ging zu Hause als
Arbeitskraft ab, ich mußte für sie weitermachen.
Wenige Tage nach der Hochzeit hat also die Schwester ihr Zeug von zu Hause nach Bögrein hinübergebracht – und ich machte das Gleiche in umgekehrter
Richtung. Es war nicht viel, denn man hat nicht viel
gehabt. Ich hatte ein Kasterl mit zwei Schubladen. Das
war mein Kasterl fürs Gewand.

Wie bei der Ziehmutter arbeitete ich ohne Lohn, für
Kleidung, Essen und Unterkunft. Auch die Geschwister arbeiteten daheim ohne Lohn, das war damals so
üblich. Ich mußte dem Vater, wenn ich bei einem
andern Bauern Schnitt arbeitete, den halben Lohn abliefern.

Freilich war ich vorher schon oft in Rettenegg
gewesen, aber als Kind waren mir die Ziehgeschwister vertrauter als meine wirklichen Geschwister. Das
sollte sich dann bald ausgleichen.

Nach dem Tod der Mutter, wenige Tage nach
meiner Geburt, hat der Vater mit der Großmutter, der
Ahnlmutter hat man gesagt, gewirtschaftet. Als diese
1917 starb, hat er eine tüchtige Kraft, die Thresl,
gehabt. Die kam schon mit vierzehn Jahren auf den
Hof. Sie war eine Bahnwärterstochter aus Hüttau. Die
war, obwohl sehr jung, schon sehr tüchtig – es wird
sie wohl ihre Mutter so erzogen haben.

Sie war dem Vater eine gute Kraft. Sie hat meine

Schwester, wie die dann schon alt genug dazu war, abrichten können fürs Haus. Die Thresl wurde dann Sennerin, hat die Stallarbeit übernommen. Sie hat als einzige Lohn bekommen und blieb auch nach Vaters Tod am Hof.

Ich mochte sie sehr gern. Sie war mir so richtig wie eine Mutter. Sie konnte mir so gut sagen: „So wird's gmocht!" Und: „Aso hob mas ollweil ghobt und is am bestn, mochst es weiter!" Dadurch konnte ich mich zu Hause richtig gut einarbeiten, dabei half sie mir sehr!

Im Sommer drauf ging die Thresl in die Alm hinein, und wir mußten den Haushalt alleine bewältigen. Das ist ja dann schon gegangen, ich war ja nicht mehr so jung, war einundzwanzig. Zu Hause in Rettenegg gab es ein gutes Brot, und man war damit nicht sparsam. Da hat man sich schon eine Schnitte nehmen dürfen, wenn man Hunger gehabt hat! Sonstwo gab's das auch nicht! Daheim hatten wir gute Kost. Was mein Vater und meine Brüder von der Jagd mitbrachten, war auch zum Verbrauch bestimmt. Ein paarmal im Jahr wurde ein Schwein geschlachtet. Dann vor Weihnachten ein Rind. Da ging's uns dann nicht so schlecht. Die Zeiten waren auch besser. Vorher, unterm Krieg, in Bögrein war das Essen knapp. Hier war dafür das Arbeiten ergiebig! Der Getreideschnitt, das Umackern im Herbst, beide Male nur kurze Mittagspausen, sonst den ganzen Tag harte Arbeit, da waren wir oft zum Umfallen müde! Aber man wird zäh und abgehärtet.

Man konnte in allen Ehren feststellen:
Der und der ist auch nicht übel!

Dafür sind wir dann sonntags wieder zur Sennerin gegangen. Da war's wieder sehr lustig, und wir vergaßen die Müdigkeit der ganzen Woche. Ein ganzer

Schock junger Leute war da beisammen, mitunter auch zwanzig. Wenn wir's nicht eilig hatten, wurde am Weg zur Hütte schon geplaudert, wurden Witze erzählt. Am Hinweg waren nie sehr viele, erst oben trafen wir aus den verschiedensten Richtungen zusammen. Eine Pärchenwirtschaft wie heute gab's beim Tanzen nicht, erst dann, beim Heimgehen, hat man sich eher zusammengefunden.

Damals hat sich jeder mit jedem unterhalten. Das vermisse ich heute auf Unterhaltungen sehr, das ist grundsätzlich anders geworden. Da gehen die Paare nur miteinander hin, sie sitzen am Tisch beisammen, tanzen nur miteinander. Die Gemeinschaft aller Jugendlichen, die es früher gab, vermisse ich sehr. In dieser Hinsicht möchte ich heute nicht jung sein! Nach dem Heiraten war und ist fürs Tanzen ohnedies wenig Zeit, aber vorher schon nur mit einem sich unterhalten, hätte ich mir nicht vorstellen können. Man konnte in allen Ehren, ohne sich etwas zu vergeben, bei Unterhaltungen feststellen: Der und der ist auch nicht übel! Vor allem war's viel lustiger. Die wichtigste Person war der Spielmann, damals der Großberg Sepp, der besonders gut Mundharmonika und Zither spielen konnte. Wenn der Zeit hatte, hat es sich herumgesprochen, dort und dort treffen wir uns. Manchmal nahm ich ihn um den Hals und sagte: „Sepp, du bist mein Alles!" – ohne daß ich je was mit ihm hatte, und alles hat gelacht.

Wenn man sehr spät heimkam, das sah man nicht gern. Ich weiß sogar von einem Knecht, der gefeuert wurde, weil er erst Montag morgens nach Hause kam. Der betreffende Hof wurde dann durch Weihrauch und Rosenkranzbeten vom Bösen gereinigt.

Der Vater sah das Sennengehn bei mir auch nicht so gern. Da hat's immer was gegeben. Einmal kam ein Radstädter zum Vater, der mir auch recht gut gefallen hätte, und fragte, ob ich nicht mit ihm auf die Sulzen-Alm gehen dürfte. „Na, na! Gibt's nix!" sagte der Vater. Dann ist der halt wieder bedrückt abgezogen. Mir hat das auch nicht gepaßt.

Darauf kam dann ein anderer, von dem der Vater genau gewußt hat, daß der nicht in „meinem Buch" steht. Der hat ihn auch gefragt. „Jo, sie mog scho gehn!" hat er da gesagt. Ich bin hinaufgegangen in meine Kammer, weil ich schon wußte, was los ist. Dann hat der Vater gerufen: „Wawi! Wawi! Kimm ocha!" Ich hab mich aber nicht gemeldet. Und er hat auch nichts mehr gesagt. Nachher kam er an meine Tür. „Du!" hat er gesagt: „Du mogst mitn Hansn gehn! Die Partie geht in die Bachl-Alm." – „Na!" hab ich gesagt, „I geh net!" Daraufhin hab ich vom Vater eine Ohrfeige bekommen. Ich hab mich dann verkrochen und bin nicht mitgegangen. Folgen hatte es weiters keine, aber solche Sachen sind halt auch passiert.

Wäsche

De strickts enk selba!

Der Vater wollte unbedingt, daß wir Unterwäsche aus dem eigenen Leinen haben. Strümpfe und Westen, die wir strickten, waren aus eigener Wolle. Aber ich habe beim Boten, unserem Krämer im Dorf, von dem, was ich vom Schnitterinnenlohn behalten durfte – und das war bei der Mutter alles, beim Vater nur die Hälfte –, feinere Strümpfe gekauft. Das durfte der Vater nicht wissen! Denn er sagte: „De strickts enk selba! Gehts auffe ins Unterdoch und holts enk a Wolln, spinnts de, und strickts enk des!"

Zum Kirchengehen hätte ich die Feinen gern angezogen, sonst eh nicht. Drum mußten wir warten, bis der Vater in die Kirche gegangen ist, dann sind wir losgerannt. Die Thresl hatte ja auch schon solche Strümpfe. Die durfte sie sich aber kaufen, denn die bekam ja Lohn. Wir gingen also nach ihm. Er ist immer hinauf auf die Empore, dort hatte er seinen Stuhl. Wir blieben aber unten.

Nach der Messe hat er sich am Kirchplatz aufgehalten, bei den Bauern. Die haben Geschäfte ausgemacht, überhaupt er mit seinem Sägewerk. Wir schauten, daß wir unbeachtet, schnell, schnell, wieder nach Hause kommen konnten. Trotzdem ist er's halt wieder innegeworden, hat er's erfragt, daß ich solche Strümpfe hatte. Obwohl man manchmal glaubte, man komme doch ein bißl aus, es nutzte nichts, das kam immer wieder heraus!

Der Vater ist zur Botin gegangen und hat ihr verboten, mir noch einmal solche Strümpfe zu verkaufen. Die haben mir aber schon heimlich auch noch was gegeben, mit der Botin war ich ja ganz gut. Die hat gesagt: „Des war jo a Bledsinn, wonn i dir des net gabat!" Sie war ein recht mütterlicher, freundlicher Mensch, und ich hab ihr wirklich leid getan. Das Geld zum Zahlen hatte ich ja auch, und letztlich war sie ja eine Geschäftsfrau. Ich kaufte jedenfalls dann noch mehr: ein Hoserl fürs Kornschneiden und Ähnliches mehr.

Beim Kornschneiden war's furchtbar schlimm, wenn man keine Hose hatte und die Regel bekam. Das Blut rann die Füße entlang. Hinter den Schnitterinnen waren die Männer mit den Garben und durch das Niederbücken . . .

Hinten wurde immer ein bißl gespöttelt. Mir blieb das, Gott sei Dank!, erspart, aber von anderen weiß ich das ganz genau. Die waren dann recht betroffen. Davonlaufen konnten sie nicht, das ging einfach nicht.

Aber ein Unterhoserl anziehen, das war trotzdem sehr verpönt! Man hatte zwar den langen Kittel, aber was half der, wenn man sich bückte in einer solchen Situation?

Unter diesen langen Kitteln hat man dann von den feinen Strümpfen auch nicht gar soviel gesehen, die halbe Wade war sicher noch bedeckt. Darum hatte ich nicht das Gefühl, gar so was Arges zu tun. Vielleicht war's auch deshalb, weil mein Vater streng mit mir war.

Schnitterin

Nach dieser Woche war ich jedesmal krank

Er bestand zum Beispiel darauf, daß ausgerechnet ich – es wären ja auch noch die Dirn und die kleinere Dirn dazu da gewesen! –, ja, ausgerechnet ich hab ihm in die Hachau hinausgehen müssen. Zu einem Bauern eine ganze Woche für den Schnitt. Der Vater war mit der Bäuerin recht gut. In dieser Woche wurde ich fast jedesmal krank! Die hatten nämlich eine besonders deftige Bauernkost, die ich nicht vertragen habe.

Da gab's die sogenannten „Zwiebochenen", die zweimal herausgebackenen Krapfen; zum Frühstück schon ein „Muas", das fett wie eine Specksuppe war. Vormittags gab es saure Milch, mit einem Stück Brot und Käse. Das ist an sich etwas Gutes – und alle Leute lobten diesen Bauern immer wegen seiner guten Kost! –, nur mir ist sie nicht bekommen, ich weiß selber nicht, warum! Ich hatte danach immer die ärgsten Verdauungsschwierigkeiten, und das ist mir bei saurer Milch bis heute geblieben.

Ich versuchte, alles ein wenig dadurch auszuglei-

116

chen, daß ich von den schwer verdaulichen Speisen weniger aß, mich mehr an die leichter verdaulichen hielt. Aber von der „Schottsuppen" und vom Salat war immer wenig da, sodaß ich oft hungrig vom Tisch ging – ganz im Gegensatz zu den anderen. Hätte ich zwischendurch nach Hause gehen können und dort was essen, wär's auch nicht so schlimm gewesen, aber wir mußten die ganze Woche dort nächtigen, und schwer arbeiten; sogar vor der Feldarbeit schon. Es war noch finster, da hat die Katl – so hieß die Bäuerin – schon mit einem Holzscheit auf die Stiege gepocht und gerufen: „Außa! Außa Dirndln! Stehts auf!" Da mußten wir dann im Haus und im Stall helfen. – Nach dieser Woche war ich jedesmal krank.

Ich bin nicht ungern hinausgegangen! Die Leute waren sehr freundlich, die Katl war sonst eine gute Seele; sie hat uns allen oft etwas mitgegeben beim Nachhausegehen. Die Kost war durchaus üblich, aber ich war ihr nicht gewachsen. Ich sah dem Schnitt jedenfalls jedesmal mit Sorge entgegen. Aber da hat man nichts machen können, da hat man nicht sagen können: „Na, des tua i net!" Das ist bestimmt worden.

Liebesbeziehung und Rügegericht

Schmiedhur! Schokoladesau!

Der Dorfschmied, der nicht so glücklich verheiratet war, war total in mich verschossen. Begonnen hat alles noch im Bögrein, setzte sich in Rettenegg fort – der Vater hat's sofort gemerkt und war darüber sehr aufgebracht. Beni, so hieß der Dorfschmied, hat sich scheiden lassen wollen. Er hat mir oft Geschenke mitgebracht. Oft Sachen, die ich notwendig brauchte,

117

die ich sonst nicht bekommen hätte. Ordentliche Schuhe halt einmal, auch Kleidungsstücke wie einen Trainingsanzug, mit dem ich dann auf den Dachstein bin. Wenn ich in der Früh wach geworden bin, ist oft ein herrlicher Blumenstrauß am Fenster gestanden und immer halt irgendwelche Aufmerksamkeiten.

Das blieb den Leuten im Dorf nicht verborgen. Das hat ihm jedoch nicht viel ausgemacht. Sogar tagsüber besuchte er mich. Er war ein ehrenwerter und im Dorf angesehener Mensch, hat sich nicht verstecken brauchen; nur, daß er halt verheiratet war.

Eines Tages mußte mein ältester Bruder Rinder auf den Viehmarkt treiben. Da es ein weiter Weg war, mußte er zeitlich in der Früh weg. Es war ein Sonntag. Wie er durchs Dorf gefahren ist, hat er auf der Feuerwehrhütte ein Plakat gesehen; dann auf der Ursprungkapelle eines und noch weitere. Auf den Plakaten standen fürchterliche, gegen mich gerichtete Beschimpfungen: „Schmiedhur!" und „Schokoladesau!" und anderes mehr. Ein derbes Gedicht war dabei und Zeichnungen – grauslich.

Dadurch, daß der Hans so früh unterwegs war, konnten es wenigstens die anderen Leute beim Kirchgang nicht sehen. Er brachte die Plakate mit nach Hause, ich wollte sie zuerst aufbewahren, er hat es mir aber nicht erlaubt, er hat sie zerrissen. Mein Vater war entsetzt.

Diese Sache hat dann dazu beigetragen, daß ich doch in die Haushaltungsschule durfte, was mir der Vater trotz oftmaligem Bitten vorher nie erlaubt hatte. Ich wollt nichts wie weg aus Filzmoos. Da hab ich viel aushalten müssen.

Es geschah mir schon Unrecht: Es ist ja nichts Unehrenhaftes passiert! Ich wollte absolut nicht, daß er sich scheiden läßt. Und vorher, sagte ich ihm immer, geht nichts bei mir. Denn darauf hat er natürlich schon auch hingedrängt.

Es sind einige Kinder dagewesen, die er mit seiner Frau hatte. All die äußeren Bedingungen ließen mir die Beziehung unvernünftig erscheinen. Ich mußte immer an das Leid denken, das seine Frau gehabt hätte. Aber er ging alle Dinge so richtig mit Courage an, sodaß ich selbst Zweifel an der Unverrückbarkeit der Dinge bekam. Eine Scheidung aber war unvorstellbar damals.

Es war wohl nicht das erstemal, daß man über mich redete, es hatte mich jedesmal sehr gekränkt, aber so arg war es noch nie! Und auszubaden hatte eher ich es als er. Es gab ständig spöttische, verächtliche Bemerkungen, wenn wo mehrere Leute beisammen waren. Man tat, als habe man den Auswurf der Menschheit vor sich, wenn man mir begegnete. Die letzte Zeit in Filzmoos hab ich mich darum fast nur mehr mit Auswärtigen abgegeben.

Herr Geringer, Gastwirt aus Mandling, der beim Eisstockschießen tonangebend war, an dem sich alle jungen Burschen hier schon allein des Geldes wegen angehalten haben, hat zu ihnen gesagt: „Wonnst ma d' Wawi bringst zum Tonzn, gehst heit frei!" Da sind dann oft sieben oder acht bei uns angekommen und haben mich als Tänzerin geholt. So fad war der nicht, der hat dann alle freigehalten, sie durften essen und trinken, was sie wollten. Er hat es auch gehabt. Was die anderen über mich sagten, war ihm egal. Und ein sehr guter Tänzer war er auch.

Ein andermal wollte ein anderer nur mich als „Kranzltänzerin" für eine Hochzeit. Das waren dann zwar fürs erste bei den Unterhaltungen Sensationen, aber hinterher ist dann wieder das Gerede gekommen. Daß ich gut tanzen konnte, hat wohl viel ausgemacht. Meine Schwester, zum Beispiel, war bestimmt auch hübsch, sogar molliger als ich, hatte aber in solchen Fällen das Nachsehen. Neidig, wie die anderen, war sie aber nicht. Sagte nur: „Na, du traust di wieder wos!"

Ich bin dann 1937 vom väterlichen Hof wieder ins Bögrein gezogen. Meine Schwester, die dort nach der Ziehmutter Bäuerin war, hatte nach der Reihe Kinder. Sie sagte zu mir: „Geh umma wieda ins Bögrein, i brauch die eh! Bevor du sunstwo hinkimmst, gehst za mia!"

Das tat ich auch. Es war eine schöne, ruhige Zeit, wir sind gut miteinander ausgekommen. Ich hatte die Kinder, fünf Buben, sehr gern, mit den Arbeitsanforderungen konnte man zurechtkommen. Beni besuchte mich ab und zu. Dem Vater war aber die Beziehung zum Beni immer noch ein Dorn im Auge. Auch die Leute im Dorf beruhigten sich nicht und versuchten auf meinen Vater einzuwirken. „Do derfst aa net ollweil zuaschaun!" hieß es. Darum gab er nun meiner Bitte, in die Haushaltungsschule gehen zu dürfen, nach. Er mußte das immerhin finanzieren, denn auch bei meiner Schwester hatte ich fast ohne Lohn gearbeitet.

Nationalsozialismus

Na! Du sei sicher,
i tua net oa Bleaml auße ban Fenster!

Ich war wieder in Bögrein, als am Hof vorbei ein Aufmarsch mit Fackeln stattfand, bei dem man „Heil Hitler!" schrie usw. Ich beobachtete alles durch die Ritzen des Tenntürls, hab mich lieber ferngehalten. Fast alle waren dafür, waren begeistert.

Nur eine alte Frau weigerte sich – trotz Auftrag des Bürgermeisters – das Fenster zu beflaggen und zu bekränzen, weil man einen Aufmarsch plante. Das machte man immer, wenn der Hitler irgendwo in Salzburg herumgefahren ist. „Na! Du sei sicher, i tua net oa Bleaml auße ban Fenster! Werds es schon sechn, es kimmt eh da Kriag!" sagte sie. Auch ich hatte Angst, daß es wieder Krieg geben wird, aber man sagte mir: „Du phantasierst jo! Du kennst di jo ibahapt net aus!"

Zum Bürgermeister, das war mittlerweile der Schmied Beni, hab ich gesagt: „Wos führts denn auf!" Er verzieh es mir mit meinem Unverstand. Und gegen mein Argument, ich würde dann, wenn ich gesehen hätte, daß da tatsächlich was Gutes daraus werden würde, schon voll dahinterstehen, konnte er ja auch nichts sagen.

Meine Brüder waren nicht so begeistert. Sie waren alle älter als ich, hatten aber als Kinder vom Ersten Weltkrieg nichts mitbekommen; der Vater hatte ja nicht einrücken müssen, und geredet worden ist auch nicht drüber. Aber ich hatte schon das Leid meiner Ziehmutter miterlebt, sagte ihnen nun auch, was das Furchtbares ist, so ein Krieg. Und erzählte ihnen, was am Oberhof die heimkehrenden Ziehbrüder vom Krieg berichtet hatten. Der Leonhard war ja an der Italienfront gewesen, wo so viele Filzmooser gefallen sind.

Was anderes gab ihnen auch zu denken: Der Stefan hatte mit anderen zusammen einen katholischen Burschenverein gegründet. Er war Schriftführer. Da sind dann die Nazi-Begeisterten gekommen und haben ihm alles weggenommen und haben es verbrannt. Ich seh' ihn heute noch dabeistehen, unten in der Stube, als man seinen Wandschrank leerte, und tatsächlich weinen wie ein Kind. Es war sein Werk, das er mit Begeisterung in Ordnung gehalten hatte.

Das hat die Brüder mitgenommen, daß sie dem machtlos gegenübergestanden sind, und hat in ihnen eine gewisse Abwehr erzeugt. Der Stefan und der Franz nahmen es aber hin und dachten, es bliebe ihnen nichts anderes übrig.

Der Florian hatte aber einen dickeren Schädel und wollte sich durchsetzen. Er verweigerte den Kriegsdienst mit dem Argument, er werde niemanden umbringen, weil ihm keiner der „Feinde" etwas getan habe. „Fürs Vaterland, für den Staat", wolle er nicht auf jemand anderen losgehen und den umbringen.

Diese Einstellung sollte noch schwere Folgen haben.

IM DIENST

Es gibt nichts Schöneres als das Almleben!

Haushaltungsschule

Und ich hab wieder viel vergessen!

Ich durfte also in die Haushaltungsschule in Oberalm bei Hallein gehen. Der Vater hatte nichts mehr
dagegen. Ich mußte viele neue Kleidungsstücke bekommen. Die wurden von dort verlangt, da kam ein
Schreiben mit einer Liste, was man alles mitbringen
mußte. Die Näherin im Dorf schneiderte mir ein
schwarzes Kleid mit weißem Kragen. Ich habe es vor
zwei Jahren beim Begräbnis meines Bruders wieder
getragen, und es paßte mir wie angegossen.

Dann waren da schon die Unterhoserln dabei und
die Turnausrüstung, eine schwarze Hose und ein
Turnleiberl hab ich gekauft. Was auf dem Zettel alles
drauf war, das hat der Vater akzeptiert und bezahlt.
Handtücher brauchte man, eine Kleiderbürste, für die
Schule eine Wix- und eine Kotbürste. Überall kam
meine Nummer – eine rote 14 – drauf.

Der Kurs begann im November 1938 und endete im
Mai 1939. Im selben Jahr hatte der Krieg begonnen.
Von der Schule aus kamen wir viel nach Salzburg, in
die Museen. Man machte sogar einen Ausflug nach

München. Da war ich glückselig. – Und ich hab wieder viel vergessen!

Der Schmied kam mich einmal besuchen, wollte mir weiterhin alle Wünsche erfüllen, aber ich war froh, von Filzmoos fort zu sein.

Das einzig Betrübliche während dieser Zeit war, daß eine meiner Lehrerinnen, die wir „Fräulein" nannten, eine Hitlerische, bemerkte, daß ich nicht so sehr in diese Richtung ziehe. Dadurch handelte ich mir Nachteile ein. Die Noten, die sie mir gab, waren nie so, wie ich sie verdient hätte. Das hat mich ein wenig gekränkt. Ich hab zwar schon einmal geweint, aber schlimm war das nicht.

Unter anderem hat sie „Kochen" unterrichtet. Ich war die Älteste der Gruppe, so hat sie mir die Leitung in der Küche übertragen, hat mir aber schlußendlich nur ein „Gut" ins Zeugnis gegeben, obwohl ich nie etwas verpatzt habe. Die, denen ich das Kochen beigebracht habe, haben alle ein „Sehr gut" bekommen.

Unser Tagesablauf in Oberalm war folgender: In der Früh vor dem Frühstück mußten wir hinaus, die Fahne hissen und rundherum stehen und ein nationalsozialistisches Lied singen. Dann eine Viertel- oder halbe Stunde Morgensport, ums Haus laufen, anschließend Morgentoilette. Dann mußte von einigen das Frühstück gerichtet werden, während die anderen die Stallarbeit erledigten; eine Gruppe die Rinder, die andere die Schweine. Dann gab's noch eine Wäschegruppe. Die Aufgaben wurden regelmäßig gewechselt.

Zum Frühstück gab es eine Milchspeise. War diese fertig, sind die anderen geholt worden. Das zog sich so bis acht Uhr.

Dann war Unterricht. Alle möglichen Fächer: Haushalt, Tierhaltung, etwas über die Baumschule usw. Nach der Mittagszeit hatten wir zwar frei, aber wir mußten uns mit dem am Vormittag Erlernten beschäftigen. Natürlich sind da manchmal Dummheiten gemacht worden, es waren ein paar recht lustige Dirndln dabei.

Zweimal in der Woche mußten wir nach Hallein gehen, weil es in der Schule in Oberalm keinen Turnsaal gab. Das war wieder „mein Leben"! Viele hatten das Turnen nicht gern, suchten nach Ausreden, um nicht teilnehmen zu müssen. Ich tat mir sehr leicht dabei, und ich tat's gern.

Bald merkte ich, daß der Turnlehrer ein Auge auf mich geworfen hat. Einmal hat er mir heimlich einen Zettel in die Turnhose gesteckt, auf dem er Zeit und Ort für ein Rendezvous angab. Aber da hab ich keine Antwort drauf gegeben. Ich war ja grad erst wieder mit mir ins reine gekommen. Hatte Trost gefunden in Gebet und Beichte; dachte, wenn ich da auch gefehlt haben sollte, der Himmelvater sei schon wieder zufrieden mit mir. Der Pfarrer hatte mir nicht ins Gewissen geredet, das hatte ich mit mir selbst ausgemacht.

Als in den folgenden Turnstunden weitere Zettel folgten, in denen ich auch um Antwort gebeten wurde, gelang es mir, ihm heimlich auszurichten, daß ich das furchtbar ungern hätte, daß ich – das war ein bißl übertrieben – schon meinen Bestimmten hätte. Das hat er vollkommen eingesehen. – Ich hatte so die Vorstellung, ich möchte von allem frei werden, damit ich wieder zur Ruhe käme.

Die Ausbildung ging dem Ende zu. Beide Fräulein boten mir an, an der Schule eine weitere Ausbildung zu machen, dann wäre ich Fachlehrerin geworden. Das hätte aber dem Vater wieder Geld gekostet. Und er hat ja schon den abgeschlossenen Kurs bezahlen müssen. Das Fräulein, mit dem ich weniger gut auskam, fragte mich, ob ich überhaupt nach Hause zurück möchte, denn sie hätte Bewerber um tüchtige

Schulabgängerinnen. Sie empfahl mir eine Stelle in Radstadt, weil das gar nicht weit von Filzmoos entfernt ist und sie die Leute gut kannte.

Sennerin

... das war ja bei uns in der Gegend immer erster Stand

Ende Mai 1939 kam ich dann zu den Hoppenraths. Sie waren Preußen und sehr nationalsozialistisch. Der Bruder der Frau, der Herr Hegge, war dort Gutsverwalter.

Zuerst mußte ich im Haushalt arbeiten. Die Chefin sagte, so und so wird das gemacht; sie hat selbst auch mitgearbeitet. Ich war hauptsächlich in der Küche beschäftigt, mußte den Tisch herrichten für Gäste und die Zimmer in Ordnung halten. Das machte ich im ersten Sommer.

Im Herbst mußte ihr Senn einrücken. Und am Hof war kein Mensch, der melken hätte können. Es mußte damals ja alles noch mit der Hand gemolken werden. Nicht einmal die hatten eine Melkmaschine! Dadurch wurde nun ich ihre Sennerin.

Im Mai hatte ich den ersten vollen Lohn meines Lebens bekommen. Es war nicht wenig. Komisch war's, daß ich mir nicht einmal zu helfen wußte, was ich jetzt mit dem Geld anfangen sollte, was ich mir kaufen sollte! Ich hatte das Gefühl, jetzt hab ich eh erst was Neues bekommen vom Vater für die Haushaltungsschule, ich bräuchte nichts Zusätzliches. So gab ich halt den größten Teil des Geldes in die Stadtsparkassa.

Bis Oktober bekam ich jeden Monat ganz pünktlich mein Gehalt. Sobald ich im November Sennerin war,

126

bekam ich noch viel mehr Geld. Sennerin, das war ja bei uns in der Gegend immer erster Stand. Die hatten den meisten Lohn. Sie hatten ja auch eine große Verantwortung! Der Bauer und die Bäuerin haben sich da nicht eingemischt. Auch meine allererste Sennerinnenzeit, von der ich schon erzählt habe, war sehr anstrengend. So war es auch auf dem Wenghof in Radstadt! Man hatte zwar viel Arbeit, mußte diese ordentlich machen, wurde aber auch dementsprechend entlohnt.

Ich hatte viel besseres Essen als zu Hause, hatte erstmals das Gefühl grenzenloser Freiheit. Schon in der Haushaltungsschule war das Essen besser als zu Hause. Ich fühlte mich von allem so befreit. Lernen hat mir ja nie was ausgemacht. Daß das Essen besser war, hat vielleicht auch damit zu tun, daß es bereits in die Zeit hineinging, in der die Leut sich besser haben rühren können. Obst haben wir bekommen, was ich sehr geschätzt habe. Die hatten bei der Schule einen Obstgarten dabei. Im Vorhaus auf einer Kommode stand eine recht große Obstschüssel aufgestellt, und da haben sie uns erlaubt gehabt, da können wir essen, soviel wir wollen! Mir hat das so getaugt! Freilich geht man mit der Zeit nicht mehr so drauflos, aber damals war ich total begeistert. Im Wenghof dann, in Radstadt, war's, wie gesagt, auch so.

Der Verwalter, Herr Hegge, war zufrieden mit mir. Er sagte, er sei richtig froh, daß durch mich ein Problem, das ihm vorher zu schaffen gemacht hatte, behoben sei: Seine vorherigen Sennerinnen hatten den Tieren nie das gefüttert, was er für sie gekauft hatte. Die Futterküche mit dem Kraftfutter war ständig voll, sie hatten es einfach stehenlassen. Mich aber freute es, daß ich den Tieren endlich viel geben konnte, daß ich sie, das erste Mal in meinem Leben, gut halten konnte. Er besorgte das Futter regelmäßig.

Die Tiere wurden recht schön, richtig beleibt. Siebzig bis achtzig waren es, darunter so um die fünfundzwanzig Kühe; vier Ställe waren das, für die damalige Zeit sehr moderne Ställe.

Ich selbst hatte ein schönes Zimmer im Haus. Mit meinem ersten eigenen Matratzenbett. Das blieb mir, auch als ich im Frühling auf die Alm ging; da konnte ich all mein Hab und Gut zurücklassen.

Wenn es heiß war, da dauerte es länger!

Auf die Alm nahm ich ja nur einen Koffer mit; er enthielt Kleidung, Handtücher und Seife und wurde mir auf die Alm geführt.

Spätestens um vier Uhr früh gings los. Früher war besser. Es war ein weiter Weg. Um zwölf Uhr ungefähr kamen wir mit den Tieren dort an, manchmal wurde es auch später. Das kam auf den Tag an: wenn es heiß war, da dauerte es länger. An einem kühlen Tag kam man weit eher ans Ziel! Ich kam später als die anderen an, denn ich hatte ja die Kälber vom Herbst bei mir, die kamen zum Schluß nur noch langsam voran, da sie schon sehr müde waren. Der Weg war steil! Der Senn, mein Vorgänger, hatte mir geraten, den Weg durch den Graben zu nehmen, weil es dort kühler sei. Das tat ich. Die Kälber legten sich zwischendurch zur Rast ein wenig nieder, da mußte man dann auch warten, bis sie wieder weitergehen konnten.

Die Kühe und das Fuhrwerk kamen, wie gesagt, früher an. In diesem Jahr waren die Pferde noch nicht eingezogen. Beide, wunderschöne Noriker, waren im folgenden Jahr dran. Die Ochsen, die später dann genommen wurden, waren freilich viel langsamer.

Wenn man dann einmal oben gewesen ist, ist die Arbeit erst richtig losgegangen. Bei uns hier in Filzmoos war es Brauch, daß weibliche Dienstboten zum Zusammenräumen auf die Hütten vorausgeschickt wurden, die „Wintersennerin ausjagen", sagte man. Aber das war hier nicht der Fall.

Die Sennerinnenarbeit war eine harte Arbeit

Wenn auch den ganzen Winter über niemand in der Hütte drinnen war, so hatte sich doch Schmutz angesammelt. Mäuse oder ähnliches Getier hatten sich herumgetrieben.

Da gibt's dann viel Arbeit: Die „Kaskistln" waren zu putzen, die Rührkübeln und vieles andere auch noch. Bis das alles sauber war, dauerte es Tage. Den Hüter konnte man dazu auch nicht hernehmen, und der war meine einzige Hilfskraft, sonst hatte ich auf der Alm niemanden. Mit meinen Hütern hatte ich viel Glück. Zwar wurden sie der Reihe nach eingezogen, bis ich schließlich nur noch solche hatte, die für den Krieg zu jung waren, aber dennoch waren sie alle sehr fleißig. Haben sich gut angestellt – auch beim Melken. Mit denen war ich immer sehr zufrieden.

Die Sennerinnenarbeit war eine harte Arbeit. Ich hab mich schon schwer getan, das muß ich schon sagen! Zu zweit haben wir mindestens zwei Stunden gemolken, zweimal am Tag; für eine gesamte Melkzeit konnten wir mit den Vorbereitungen zweieinhalb Stunden rechnen. Freilich hing das auch vom Hüter ab: War der ein guter Melker, so hat es eben kürzer gedauert!

In Zeiten des höchsten Milchanfalls hat der Hüter zwei Stunden lang die Zentrifuge treiben müssen, das heißt, es waren zweihundertfünfzig bis dreihundert Liter Milch täglich zu verarbeiten. Die Alm war eine besonders gute, da gab das Vieh natürlich auch mehr Milch. Die Kühe, die im Herbst kälberten, sind schon

Ende Juni so gut geworden zur Milch, wie wenn sie frischmelkend wären. Nach dem Melken ist die Milch einmal ein wenig stehengelassen worden, in der Vorhütte. Die Tiere wurden ausgelassen. Nicht weit, es wurde ihnen einfach der Weg ins Freie an der hinteren Tür eröffnet. Dann mußte der Hüter die Milch zentrifugieren.

In der Zwischenzeit habe ich das Frühstück gerichtet, das wir dann zu uns nahmen. Anschließend füllte ich den Rahm in den Butterkübel. In der Zwischenzeit putzte der Hüter den Stall. Das war jeden Tag genau das Gleiche, und man mußte zügig und sorgfältig arbeiten. Dann kam der Hüter wieder aus dem Stall und mußte den Butterkübel – auch wieder mit der Hand – treiben. Fünfzehn bis zwanzig Kilogramm waren da täglich drin! Da kam also ein ganz schöner Arbeitsaufwand zusammen, vor allem in der besten Zeit – Juni, Juli – war das schwere Arbeit.

Wenn die Butter „zusammengegangen" ist – so haben wir gesagt –, hat er die Butter stehenlassen können. Da begann wieder meine Arbeit: Ich mußte die Butter herausnehmen, waschen und formen. Daneben mußte ich auf den Käsekessel achten. Das war ein sehr großer Kessel über dem offenen Herd. Wir hatten damals dort zwei Herde, denn ein Sparherd, auf dem ich unser Essen kochen konnte, war auch vorhanden. Über dem offenen Herd habe ich also ans „Kasen" gehen müssen. Während ich die restliche Butter in „Model" gab, legte ich dort ständig Holz ins Feuer.

Es sind große Käselaibe geworden, ganz schwer zu heben. Wir machten zweierlei Sorten Käse: Einer wurde aus der sauren, der andere aus der süßen Milch hergestellt. Der Käsestock der sauren Milch zog die Fleischfliegen an, denn der hatte ein wenig Geruch angenommen. Da mußte man sehr aufpassen! Beim Reinigen ganz besonders gründlich sein. Wenn die Fliegen einmal ihre Maden draufgelegt hatten, hat man sich vor lauter Mehrarbeit nicht mehr hinausgesehen! Die Maden mußte man herauskriegen, Pfeffer hineingeben. Wenn diese Arbeiten erledigt waren, richtete ich uns ein Mittagessen.

Die genannten zwei Monate war jedenfalls sehr viel zu tun! Sie vergingen freilich auch. Aber wenn da etwas dazwischenkam, war es schon hart! Und Zwischenfälle gab's mehrere, davon will ich noch erzählen. Da konnte es dann passieren, daß der Hüter weg mußte und ich alleine das Melken erledigen mußte; das war scheußlich!

Nach dem Mittagessen mußten wir dann meist den Zuchtstieren in Eimern das Kraftfutter bringen. Vor dem Essen blieb meist keine Zeit mehr dazu. Am Nachmittag waren dann schon einmal ein paar Stunden Ruhe. Aber die brauchte man dringend, denn ununterbrochen so hart durchzuarbeiten, schaffte man nicht – es ging ja in der Früh ganz zeitig los! Der Hüter mußte schon in der Dunkelheit die Kühe holen – wie ich es auch mit sechzehn Jahren hatte tun müssen. Ich selbst mußte nun nicht mehr so früh auf den Beinen sein. Sobald der Hüter kam, mußte ich auch heraus. Die Kühe waren anzuhängen und dann zu melken.

Da oben war es ja wunderschön!

Nachmittags, wenn ein schöner Tag war, haben wir uns in die Sonne hinausgesetzt auf die Bank, oder wir haben uns wo hingelegt.

Oft haben wir Besuch bekommen, mit dem ich bei Schönwetter ein bißl auf die Höhen hinauf bin. Da oben war es ja wunderschön! Auf einem Steig ging es hinauf, und man sah richtig schön ins Tennengebirge hinein. Mein Vorgänger, der Senn, besuchte mich oft, ich hatte ein Beziehung mit ihm. Er war mein „Zukünftiger". Darum besuchte mich auch seine Mutter oft. Die hat sich damit getröstet, daß sie mit mir reden konnte, denn sie hatte drei Söhne im Krieg.

Eine Sankt Martiner Bäuerin, die ihren Buben bei mir als Hüter hatte, kam auch gern vorbei. Ein eher schmächtig aussehender, aber sehr kräftiger, tüchtiger und netter Bursche war das, der dann knapp vor Kriegsende, obwohl er noch so jung war, einrücken mußte. Bevor er gehen mußte, weinte er wie ein Kind. Wie so viele andere, kam auch er nicht mehr vom Krieg zurück.

Auch die Besitzer der zusätzlich zu betreuenden Tiere kamen herauf, um nach dem Rechten zu sehen. Die Besucher wußten alle, daß wir eher nachmittags Zeit hatten, und richteten sich meist danach. Es blieben uns so drei Stunden – an einem Schlechtwettertag hatte man am ehesten Zeit.

Es war auch üblich, daß sich die Sennen oder Sennerinnen – in der Kriegszeit waren fast überall Sennerinnen – zumindest einmal im Sommer gegenseitig besuchten. Unsere Hütte war von der nächsten eine halbe Stunde entfernt, alle anderen waren noch viel weiter weg. Die Almen in der Gegend sind sehr groß.

Wir, der Hüter und ich, nützten einmal einen solchen Besuch, um auf dem Weg dahin Kranzkraut für den Almabtrieb zu pflücken. Dieses Kraut war zum Kränzebinden sehr praktisch. Wir brauchten davon sehr viel. Es waren um die siebzig Stück Vieh zu bekränzen. Zuerst besorgten wir das Kraut, dann nichts wie hin zur Sennerin einer tieferstehenden Hütte. Im vergangenen Winter war auf dieser Alm eine große Lawine niedergegangen. Darum dauerte die Schneeschmelze so lange, daß zu dieser Zeit, Ende

September, noch die schönsten Almrosen blühten. Ich freute mich darüber und bewunderte die Natur.

Der Korb war voll – und jetzt schleunigst hinunter zur Sennerin. Es war schon nicht mehr allzu früh. Als wir hinkamen, waren schon einige Almgeher da, einige kamen noch nach. In kurzer Zeit kam die netteste Unterhaltung zustande. Ein Mundharmonikaspieler war da, es wurde getanzt, auch „gschnapselt" und Tee getrunken – damals sagte man noch nicht „Jagatee", aber es war einer – und zwischendurch prima gejausnet. Getränke mußten bezahlt werden, aber die bei jeder Sennerin sehr guten und reichlichen Jausen waren überall gratis. Das war fast von allen Dienstgebern erlaubt.

Aber die schönen Stunden vergehen immer viel zu schnell, wir mußten uns zum Schlußmachen entscheiden. Es war schon gegen zwei Uhr früh. Die Nacht stockdunkel, wir hatten kein Licht. Auch die anderen hatten kein Licht, aber die waren etwas besser dran, weil sie den Almweg hinuntergehen konnten. Wir mußten hinauf, ohne Weg und Steig. Wir kannten das Terrain viel zu wenig, so irrten wir bald herum und wußten nicht mehr, wo wir waren. Kamen dann noch in einen fürchterlichen Saugraben, da mußten wir unter einer Baumwurzel Zuflucht suchen. Noch dazu fing es an zu regnen. Wir hatten nur einen Wunsch, daß bald der Tag anbrechen möge, und die Reue, daß wir nicht bei der Sennerin geblieben sind.

Als endlich etwas Tageslicht kam, wußten wir immer noch nicht, wo wir uns befanden. Es war dichter Nebel um uns, wir sahen keine drei Meter weit. Auch regnete es noch immer. Wir waren wirklich verzagt. Erst einmal aus dem Graben heraus! Mit der Zeit riß der Nebel auf, und wir sahen, daß wir uns in der Dunkelheit noch weiter von unserer Alm entfernt hatten. Wir waren auf der gegenüberliegenden

Seite. Aber nun wußten wir wenigstens, in welche Richtung wir mußten, und versuchten nun so schnell wie möglich heimzukommen. Gleich umziehen – wir waren bis auf die Haut naß – und dann sofort zur schon sehr verspäteten Arbeit.

Die Körbe holten wir nach ein paar Tagen. Diese hatten wohl in der Zwischenzeit weidende Tiere umgeworfen. Sie lagen so zirka dreißig bis vierzig Meter von der Stelle entfernt, so wir sie hingestellt hatten, hatten sich an einer Jungfichte verfangen, sonst wären sie auf Nimmer-Wiedersehen verschwunden. Das Kraut war ganz verstreut, wir mußten es erneut einsammeln. In so einem Almsommer wechselten halt die Hochs und die Tiefs, manchmal in kurzen Abständen. Es gibt jedoch nichts Schöneres als das Almleben!

Vom Hansei lernte ich viel

In einem meiner Almsommer war der Mai außergewöhnlich schön, aber sehr trocken. Es hat sich daher die Natur mit dem Wachstum etwas Zeit gelassen. Es ging zwar der Schnee sehr bald weg, auch in den Höhenlagen, aber durch die Trockenheit danach kam das Gras sehr langsam. Erst in den letzten Maitagen konnten wir mit dem Vieh auf die Alm.

Ich hatte die Aufgabe, den Fremdvieh-Auftreibern unseren Almauftrieb bekanntzugeben, und sie konnten dann einige Tage später nachkommen. In der Nacht nach unserem Auftriebstag war ich allein auf der Hütte, weil die Leute, die beim Auftreiben dabei waren, wieder heim mußten und der Hüter noch nicht da war. Er kam aus der Steiermark und wurde erst ab 1. Juni vom Arbeitsdienst frei.

Am Nachmittag des nächsten Tages kam ein mir gut bekanntes, altes Bäuerlein, der Hagenbichler Hansei, vorbei. Es gehörte zu seinen Gewohnheiten, daß er, bevor er sein Vieh brachte, auf die Alm kam, um so ein bißl Umschau zu halten. Wir setzten uns bei einer guten Jause gemütlich zusammen und plauderten über den vergangenen Herbst und Winter, hauptsächlich über Vieh und Verkauf desselben, Versteigerungen und Preise. Ein jeder wußte recht lustige aber auch schwierige Begebenheiten zu erzählen. Aber mit längerer Weile mußte ich immer wieder gähnen. Er fragte, ob ich nicht gut geschlafen oder gar schon Besuch gehabt hätte. Ich sagte ihm: „Stimmen tut beides!" Nicht gut geschlafen hatte ich, wahrscheinlich wegen Übermüdung vom Auftrieb am Vortag und auch wegen des Besuches, von dem ich nicht wußte, wer es gewesen war. Ich hatte mich in dieser warmen Nacht nur ganz leicht zugedeckt, und im Halbschlaf über die nackten Arme und die Brust so eine kalte Bewegung gespürt, nach kurzer Zeit hatte ich dasselbe Gefühl an den Beinen verspürt.

Er hörte mir ganz aufmerksam zu, machte eine Nachdenkpause und sagte dann: „Du, das war eine Schlange oder auch mehrere!" Ich bin furchtbar erschrocken. Ich wollte nicht ein einziges Mal mehr in der Hütte schlafen. Er beruhigte mich gleich und sagte: „Das sind nur Blindschleichen, die sind nicht giftig und ganz harmlos." Aber Schlangen sind für mich Schlangen, und ich hatte immer furchtbare Angst vor ihnen gehabt. Dann fragte ich mich, woher die denn kommen sollten. Ich war ja nicht den ersten Sommer oben, es hatte hier nie welche gegeben und schon gar nicht in der Stube der Hütte!

Hansei konnte mir das sehr gut mit der Witterung erklären. Er sagte, ich solle einmal die Wände genau nach Mauselöchern und Rissen absuchen. Er half mir dabei. Zuerst rückten wir das Bett zur Seite, er kroch unter den Tisch und unter die Bank. Und akkurat: „Da haben wir's schon!" sagte er: „Ein Mauseloch bis ins

135

Freie." Das wollten wir verstopfen. Mit einigen Fetzen – Mörtel hatten wir nicht da – und Holzkeilen. Beides trieben wir mit dem Hammer, so gut wir konnten, hinein. Unter der Bank war beschwerlich arbeiten, da die Bank an der Wand festgemacht war und wir sie nicht wegschieben konnten. Es war recht lustig, wer uns so gesehen hätte, hätte sicher herzhaft gelacht.

„Aber nun noch was!" sagte Hansei. „Du mußt die Blindschleichen füttern! In kleinen, ganz flachen Tellern, an der Stelle, wo sie in das Innere der Stube gekommen sind." Milch sollte ich geben, oder auch etwas anderes ohne Salzgehalt, also kein Brot. Das tat ich dann. Gleich am Morgen sah ich nach, es waren tatsächlich alle drei hingestellten Teller leer. Nach zirka zwei Wochen nahm ihr Appetit immer mehr ab. Einmal konnte ich zwei Schlangen an den Tellern beobachten, als ich in einer späten Nacht mit diesigem Mondlicht, von Neugierde getrieben, an der Hüttenwand entlang dorthin schlich. Danach konnte ich vor Unbehagen nicht mehr einschlafen, aber es kam nie mehr eine Schlange in die Stube. Ich wurde von nichts mehr gestört und habe dann immer gut geschlafen.

Einige Tage danach kam Hansei mit seinem Vieh auf die Alm und erkundigte sich gleich über meine nächtlichen Besucher, und es freute ihn, daß durch seinen Rat die Welt für mich wieder heil war. So war er immer: Er half, wo er konnte, nur fürs „Dankeschön", nie um eines Vorteils willen.

In heiteren Hüttenrunden wurde noch oft über meine „nächtlichen Besucher" gescherzt.

Das hier Erzählte war aber nicht der einzige Fall, wo mir der Hansei geholfen hat! Er hat sehr viel aus der Beobachtung der Tiere gewußt, kannte jedes Hausmittel, das man anwenden konnte. Er hatte mir im vorangegangenen Herbst erklärt, was man macht, wenn ein Tier „voll" wird, also an starker Blähung litt, was öfters auf der Alm passierte. Die Tiere gingen dabei drauf, wenn keine Hilfe kam. Skalpell war wohl eines auf der Hütte, und das, sagte er, muß an einer bestimmten Stelle mit Kraft hineingestochen werden. Mit Kraft, denn es muß durch die Haut durchgehen. Dadurch konnte ich dann einen Stier retten, wozu ich sonst nicht in der Lage gewesen wäre.

Auch was zu tun ist, wenn Tiere „Hoan rötn teant", wenn also Blut im Harn feststellbar ist, brachte er mir bei. Er sagte: „Do schau – des kriagst scho vielleicht in Sankt Martin untn – daß d' a poa junge Fischerl kriagst. Wonnst eahn de eichegibst, daß es schluckn miassn, donn werdn s' gsund!" Auch diesen Rat-schlag konnte ich tatsächlich brauchen, und er hat ge-holfen. Bei manchen Dingen sagte er: „Des, wos i da hiatz sog, muaßt mitnehmen ins Grob!" – Das hab ich versprochen und bis heute gehalten.

Er selbst hat bei mir heroben immer Kräuter gesucht, Wurzeln gegraben. Den punktierten Enzian von der Nachbaralm hat er sich jedes Jahr geholt und zu seinem Schnapserl dazugegeben. Von dem hat er mir dann auch immer etwas gebracht. Mit dem Hansei hab ich mich besonders gut vertragen. Und ein guter Unterhalter war er auch.

Ihm verdanke ich eine gewisse Geschicklichkeit beim Auffinden und Heil-nach-Hause-Bringen ver-irrter Tiere. Das war gar nicht so einfach!

Einmal war es abzusehen, daß die Zeit für eine Kalbin noch vor dem Almabtrieb kommen werde. Vom Heimgut hatte niemand Zeit, sie abzuholen, weil man noch mit der Erntearbeit beschäftigt war. Die Kalbin hätte gefahren werden müssen, denn gehen hätte sie die weite Strecke nicht mehr können.

Eines Tages war sie vom Anger verschwunden. Den Grund dafür ahnte ich wohl. Wir mußten zuerst die Melkarbeit erledigen, bevor wir uns auf die Suche machen konnten. Als wir fertig waren, stand die Kalbin wieder unten im Anger und hat geweidet, als ob nichts gewesen wäre. Ich sah sofort, was geschehen war. Aber wo war das Kälbchen? Nichts zu sehen! Nun beschlossen wir, der Hüter und ich, darauf zu achten, wo die junge Kuh hingeht, da würde dann auch das Kälbchen sein.

So hatten wir uns das vorgestellt. Aber die Kuh verschwand immer wieder, ohne daß wir es bemerkten. Allmählich gewannen wir wenigstens Sicherheit, in welche Richtung sie ging. Aber dennoch konnten wir nichts finden. Die Suche kostete uns sehr viel Zeit, wir mußten dann bis spät nachts die versäumte Arbeit nachholen.

Diesen „Kälbchenkummer" erzählte ich dem Hansei. Er lachte recht verschmitzt und sagte: „Ihr müßt in der entgegengesetzten Richtung suchen, die Kuh täuscht das nur vor, damit niemand das Kälbchen findet!" Dann drohte auch noch das Wetter umzuschlagen, was dem Kälbchen nicht guttun konnte. Zu dritt machten wir uns also auf den Weg, und Hansei sah es nach nicht allzu langer Zeit unter einer Fichte liegen. Er wartete, bis auch wir, der Hüter und ich, in seine Nähe kamen, denn wir suchten jeder einen anderen Teil ab. Als wir – ohnehin sehr leise – miteinander redeten, bemerkte uns das Kälbchen – und wusch, war es weg!

Wir mußten die Kuh herführen, um es anzulocken. Trotzdem war es so scheu, daß wir nie ganz an das Tier herankamen. Nur mit Müh und List und weil wir zu dritt waren, gelang es uns, das Kalb in den Stall zu bringen.

Große Sorge bereitete mir der Schneefall auf der Alm: Die Kälber waren oft hoch oben und stürzten manchmal zu Tode. Da mußte man besonders geschickt sein, um sie von den steilen Hängen fernzuhalten, vor allem aber, um sie aus diesen wieder herauszulocken! Der Neuschnee im Sommer war besonders rutschig, wenn die Tiere nur in die Nähe einer Steilstelle kamen, glitten sie unweigerlich ab und konnten sich nicht mehr erfangen.

Darum mußte ich oder der Hüter – dem gab ich dann genaue Anweisungen, wie er sich zu verhalten hätte, und meine Hüter hielten sich immer daran – die Tiere über die Anhöhen aus dem verschneiten Gebiet hinausführen. Das ist gar nicht so einfach! Die Tiere waren immer recht widerwillig, sie fürchteten den Abstieg, waren unsicher und wollten darum – auch wenn's oben saukalt war – nicht heruntergehen.

Es ist mir aber in keinem der vier Sommer, die ich auf der Alm war, ein Tier abgestürzt; den Nachbarsennerinnen ist das schon passiert. Wir selbst waren nach einer solchen Such- und Rettungsaktion meist völlig durchnäßt und froren. Bei der Hütte angekommen, versuchten wir uns dann aufzuwärmen. Dabei passierte einmal folgendes:

„Hiatz host amol urdntlich Schuach tricknt!"

Der Hüter – er hatte nur ein Paar Schuhe – wollte diese nach einer solchen Tour immer am Feuer beim Käsekessel trocknen lassen. Ich sorgte mich um seine Schuhe, daß die nicht verbrennen, wenn er sie zu nahe hinstellt. Darum rückte ich sie ihm immer wieder ein Stückerl vom Feuer weg. Er rückte sie wieder hin und sagte nicht selten verärgert und gekränkt: „Na, bitt di gor schön, hiatz sullt i wieda die nossn Schuach onziagn! Tua ma s' nit ollweil doucha, loß ma s' weita dabei!"

Als ich einmal nach Sankt Martin ging – das war ja am Nachmittag ohneweiters möglich – und er alleine zu Hause war, wollte er die Gelegenheit nützen, um die Schuhe einmal ordentlich zu trocknen. Als ich nach Hause kam, stand er schon so verzagt drinnen in der Vorhütte, und ich erkannte gleich, daß etwas nicht stimmte. „Hot's wos?" fragte ich, „weilst so verzogt dostehst!" – „Freili, freili hot's wos!" antwortete er. Mein erster Gedanke war das Vieh gewesen. „Na! Do hot's nix!" sagte er. „Schau amol auf d'Bonk!"

Er hatte seine Schuhe verbrannt, hatte sie zu nahe am Feuer stehengelassen und während der vielen Arbeit es verabsäumt, sie rechtzeitig wieder wegzustellen. Sie waren nur noch ganz klein und vorne aufgebogen wie türkische Schnabelschuhe. Ich sagte: „Jo, hiatz host amol urdntlich Schuach trickt!"

Jetzt hatte er keine Schuhe mehr, konnte nicht einmal mehr hineinschlüpfen. Wir suchten dann Fetzen zusammen, alte Getreidesäcke, in denen das Kraftfutter angeliefert wurde. Damit haben wir die Füße eingewickelt, zum Festbinden nahmen wir eine Schnur. Barfuß hätte er nicht gehen können, dazu ist der Boden auf der Alm viel zu rauh. Das war aber auch keine Lösung, er konnte nicht vernünftig damit arbeiten. Er bat mich deshalb, ihm Schuhe zu besorgen. Dazu mußte ich hinunter nach Radstadt, der Verwalter hat ihm welche gewährt – sogar neue.

Mir hat er nie ein Zeichen gegeben, daß er bös' wäre,
und ich hab ihm völlig vertraut

Wir hatten einen bösartigen Stier, der keinen Menschen neben sich vertrug. Jeden – mich ausgenommen – versuchte er mit den Hörnern aufzuspießen. Mich hat er schon als Kälbchen gekannt, ich hatte ihn immer versorgt, mich akzeptierte er also. Ich habe ihn, wenn er recht gerissen hat an seiner Kette und wenn er recht bös' gewesen ist auf der Weide, immer getätschelt

140

und ihm gut zugeredet: „So, Mandi!" – so hat er geheißen – „So, Mandi, hiatz gemma wieda zuichi!"

Ich allein konnte ihn zum Stall zurückbringen, ihn bisweilen mit Kraftfutter locken, da gehorchte er dann schon. Mir hat er nie ein Zeichen gegeben, daß er bös wäre, und ich hab ihm völlig vertraut.

Der Hüter mußte einmal weg – ich glaube, ein Tier war damals erkrankt, und man mußte zu Hause Nachricht geben, so schickte ich ihn hin, denn anders konnte man damals niemanden verständigen –, und ich war also allein bei der Arbeit. Ich ließ Kälber aus der Hütte, tat den Stier dazu, weil ich dachte, auf dieser eingezäunten Fläche könnte ich es mir ersparen, ihn zu beaufsichtigen, denn ich hatte ohnedies viel zu tun an diesem Tag. Der Stier spielte mit den Kälbern, die Kälber waren immer mehr aufs Spielen aus und fürchteten sich in keiner Weise vor ihm. Das sah ich von der Hütte aus.

Dann brachte ich Futter von der Hütte zum Stall hinüber, schaute ihm noch zu, wie er mit den Kälbern spielte, als er plötzlich auf mich losrannte. Er nahm mich auf die Hörner, schupfte mich hoch, spießte mich wieder auf, schupfte mich wieder weg. Dann warf er mich so gegen einen Drahtzaun unterhalb der Hütte, daß der mittlere Draht regelrecht abriß! Ich selbst kollerte durch; die anderen beiden Drähte hielten stand. Daraufhin beruhigte er sich. Durchgebrochen durch einen Zaun, wie andere Tiere, ist er nie. Auch hier nicht, schaute nur interessiert nach, wie ich die Böschung hinunterkollerte.

Ausgeschaut hab ich! Schon allein durchs Aufspießen und Durch-den-Zaun-Werfen hingen mir die Gewandfetzen herunter. Ich traute mich nicht mehr hinauf, hätte aber unbedingt hinauf müssen, um zur einzigen Hüttentür an der Vorderseite zu gelangen. Ich mußte so lange warten, bis der Hüter zurückkam, schickte ihn dann gleich wieder zurück, um aus dem Tal Hilfe zur Stierbändigung zu holen. Wir konnten ja nicht einmal die Kühe in den Stall zurückholen, so lange der Stier vor der Hütte war.

Bis die Helfer eintrafen, war es schon dunkel. Unter Zuhilfenahme von Laternen konnte man darangehen, den Stier wieder einzufangen. Die Kühe mußten in der Zwischenzeit sich selbst überlassen werden.

Alles ging drunter und drüber, wenn einmal die Arbeit nicht ihren geregelten Gang nehmen konnte. Zum Teil kamen die Kühe von allein zur Hütte her, zum Teil haben sie herumgeplärrt, weil sie nicht gemolken worden waren. Ich konnte das nicht erledigen, die Arbeit des Hüters blieb durch die Botengänge unerledigt. Die drei, vier Männer, die zu Hilfe kamen, mußten aufs Dach steigen und versuchen, ihn von oben herab mit einem Seil zu fesseln. Zuerst mußten sie ihn um die Hörner herum erwischen, dann, besser noch gleichzeitig, an den Füßen. Denn zu ihm hingehen, das konnte keiner mehr wagen. Nicht einmal ich.

Man hat ihn schließlich gebändigt, den Kopf zu den Vorderfüßen hinuntergebunden und ihn ins Tal hinabgetrieben. Das ging nicht leicht, weil er einen verletzten Fuß hatte und ihn der hinuntergebundene Kopf obendrein in der Sicht einschränkte.

Obwohl er ein Prachtstier war, mußte er daraufhin geschlachtet werden.

Ich kann dir nur den Rat geben,
nicht mehr zu melken!

Einmal hatte ich durch das viele Melken mit meiner rechten Hand Probleme. Sie tat mir schrecklich weh. Die Schmerzen kamen vor allem nachts, im Bett, sodaß ich nicht mehr schlafen konnte und wieder aufstehen mußte.

Darum ging ich dann von der Alm herab, nach Radstadt, zum Arzt. Der war recht ein „Rescher" und sagte: „Was soll ich mit dir anfangen! Ich kann dir nichts geben! Ich kann dir nur den Rat geben, nicht mehr zu melken! Dann wird's schon wieder werden!" – „Da stehst sauber da!" dachte ich. „Wer soll denn dann melken?"

Ich erzählte dem Verwalter, was mir der Arzt geraten hatte. Er hat mir dann tatsächlich die Polin, eine Kriegsgefangene, mitgegeben. Die war eine flotte Melkerin, obwohl sie, als sie am Wenghof eintraf, in ihrem Leben zuvor noch nie in einem Stall gewesen war. Man kann sich aber nicht vorstellen, wie gut sie sich zur Stallarbeit angestellt hat. Die hat eine solche Hand für die Kälber bekommen und zu den Tieren überhaupt.

Mit der Polin ging es dann recht gut. Im Spätsommer wurden einige Kühe trocken, gaben keine Milch mehr. Auch die Kühe mit den Frühjahrskälbern wurden schlechter, gaben weniger Milch, und nach drei, vier Wochen war meine Hand wieder ausgeheilt, da konnte dann die Polin wieder auf den Hof, und ich hab bis zum Almabtrieb die Arbeiten allein verrichten können.

Plötzlich sprang mir ein Schaf vor das Rad

Einmal hab ich weg müssen, nach Radstadt hinaus, um Sachen zum „Aufkranzen" – zum Schmücken der Tiere für den Almabtrieb – zu holen. Ab Sankt Martin fuhr ich mit dem Fahrrad. Unterwegs kam eine Reihe Schafe daher. Sie gingen schön eins nach dem anderen auf einer Straßenseite. Ich war bereits an der halben Kolonne vorbei, da passierte es: Plötzlich sprang mir ein Schaf vor das Rad, ich konnte nicht mehr ausweichen und stürzte. Ich weiß nicht, wie lange ich da bewußtlos gelegen bin. Als ich wieder zu mir kam, war ein älterer Mann neben mir, der meine Haarnadeln einsammelte. Dann sagte er: „Wos host denn du umtoun? Wos is denn gwesn?"

Das wußte ich selber nicht gleich. Das Blut rann mir vom Kopf in den Kragen. Ein Teil der Haare war bis auf die Kopfhaut abrasiert. Sand war in der Wunde, das Rad lag im Graben. Von den Schafen war weit und breit nichts mehr zu sehen. Sie sind wahrscheinlich den Besitzern entkommen und unbeaufsichtigt nach Hause getrottet.

Mit Mühe gelang es mir, aufzustehen. Der alte Mann sagte: „Geh umma do zan Grobn! I wosch di o!" Ich bin dann zum Wasser im Graben, er versuchte, mir das Blut abzuwaschen. Bedingt durch die gebeugte Haltung wurde mir übel und schwindlig dabei. Daher sagte ich: „Na, loß amol gehn!"

„Wos tuast hiatz?" fragte er. „Mit'n Radl kounnst neama fohrn!" Das war total verbeult und verbogen. Ich machte mich also zu Fuß auf den Weg zur zirka noch drei Kilometer entfernten Bahnstation Niedernfritz.

Meine Chefleute waren entsetzt. Sie brachten mich sofort zum Arzt. Der versorgte die Wunde, diagnostizierte eine Gehirnerschütterung und verordnete einige Tage Bettruhe. Meine Sorge galt aber schon wieder dem Vieh auf der Alm. Frau Hoppenrath schickte erst einmal Wanda, die Polin, dahin, das Vieh zu versorgen.

Mein Zustand besserte sich soweit, daß ich nach einigen Tagen mit Hilfe von Wanda die anfallenden Arbeiten wieder erledigen konnte. Jedoch mit Schwindelanfällen und Kopfschmerzen hatte ich noch lange Zeit zu tun.

Todesfälle

Wawi, nimm di zsomm, da Rupert kummt net mehr!

Im Fronturlaub war der erste Weg des Senners, der mein Vorgänger war, auf die Alm zu seinem ehemaligen Arbeitsplatz. Er war ein recht lieber Bursch, ein netter und guter Mensch, und ich hatte ihn gern. Er wurde mein „Zukünftiger", wie man bei uns sagte. Auch mit seiner Verwandtschaft, die mich oft auf der Karalm besuchte, verstand ich mich gut.

Der Almsommer 1941 begann wie jeder andere. Ende Juni bekam ich die Nachricht, daß mein Verlobter mit Streifschüssen an der Schulter und am Hals im Lazarett liege. Ich war betrübt und besorgt. Aber nach drei Wochen, es war Mitte Juli, konnte er heimkommen für fünf Wochen Genesungsurlaub.

Meine Freude war groß, vor allem als meine Dienstgeber ihm noch dazu einen kostenlosen Urlaub bei mir auf der Alm anboten. Beide waren wir überglücklich. Diese Wochen waren die schönste Zeit meines Lebens. Die Verwundung heilte gut aus, und er konnte mir viel bei der Arbeit helfen, welche gerade zu dieser Zeit im Sommer am meisten anfiel. Wir arbeiteten gut zusammen und kamen dadurch zu mehr Freizeit. Es war für uns beide der Himmel auf Erden. Aber die schöne Zeit verging allzu schnell, der 24. August war der Abschiedstag: „Abschied für immer auf Erden."

Das wußten wir wohl nicht. Im Gegenteil. Wir waren voller Hoffnung auf ein gesundes Wiedersehen, wenn möglich recht bald, das war unser beider größter Wunsch.

Aber es kam ganz anders. Am 12. oder 13. September war es, da sah ich den Halbbruder meines Verlobten den Almweg heraufkommen. Ganz langsam, immer wieder stehenbleibend. Ich dachte bei mir: „Der hat auch schon an der Front seine ganze Kraft verloren, weil ihm das Heraufgehen so schwerfällt. Nun wird er wohl Urlaub haben." Ich begrüßte ihn freudig, doch sein Gesichtsausdruck verunsicherte mich etwas. Ich stellte ihm einige Fragen, schließlich die, ob vom Rupert schon Nachricht gekommen sei. „Ja!" sagte er. „Wawi, nimm di zsomm, da Rupert kummt net mehr!"

Alles um mich fing sich an zu drehen, es wurde mir schwarz vor den Augen, langsam sah ich eine helle Fläche werden und darin wunderschön meinen Rupert. Er sah mich glücklich lächelnd an, und ich hörte deutlich seine Stimme: „Sei tapfer und nicht traurig, wir sehen uns wieder!" Wie gekommen, verschwand sein Bild wieder. Als ich wieder zu Bewußtsein kam, geschah etwas Merkwürdiges: Ich konnte nicht weinen oder jammern. Ich hatte keine Tränen. Sein Bild und die Worte strahlten so viel Kraft auf mich aus, daß es mir gelang, tapfer und nicht traurig zu sein.

Ich hatte und habe immer Bedenken, dieses Erlebnis jemandem zu erzählen. Ich weiß nie, wie es einer aufnimmt. So ließ ich's oft lieber bleiben.

An ein Leben nach dem Sterben glaube ich felsenfest. Als meine Ziehmutter verstorben ist, war ich untröstlich und weinte viel. Es fällt mich jetzt manchmal noch die Trauer um sie an. Aber ich kämpfe sehr dagegen an, und bald kann ich wieder frohen Mutes sein.

Mein damaliges „Nicht-Trauern" – wie die Leute sagten – wurde mir von vielen übelgenommen. Aber verstellen wollte ich mich nicht und sagte einfach: „Ich weiß, der Rupert will das nicht haben!"

146

. . ., daß der Vater am 24. September gestorben ist

Während des Zweiten Weltkrieges war ich nie mehr zu Hause, sondern immer auf der Karalm. Bald nach dem Tod von Rupert erhielt ich von Rettenegg aus die Nachricht, daß der Vater am 24. September gestorben ist.

Meine Schwägerin, die Frau meines ältesten Bruders, erzählte, daß sie an diesem Tag Korn geschnitten und viele fremde Dienstboten im Haus gehabt haben. An einem solchen Tag gab es immer Germkrapfen, über die Honig gegossen wurde. Ihr fiel auf, daß er mit großem Appetit seine Honigkrapfen aß. Anschließend ging er wieder seiner Arbeit im Sägewerk nach. Während des Nachtmahlkochens sagte er ihr durch die Küchentür, er wolle sich ein wenig hinlegen, weil ihm nicht so gut sei und er Kopfschmerzen habe. Als sie nach dem Essenkochen hinaufging, um ihm zu sagen, er könne zum Essen kommen, lag er schon verstorben im Bett. Die Arme auf der Brust gekreuzt, wie er es sonst gern getan hatte.

Bis zuletzt ist er seinen gewohnten Arbeiten nachgegangen, hat in der Säge gewerkt und kaputte Geräte repariert. Mein Vater war in seinem ganzen Leben nie krank gewesen. Einmal ist er in der Säge gestürzt und hat sich dabei zwei Rippen gebrochen. Das war das einzige Mal, daß er in seiner Tätigkeit etwas eingeschränkt war.

Der älteste Bruder hat dann Rettenegg übernommen. Zu diesem Zweck kam der Notar aus Radstadt, wir Geschwister mußten auch alle zum Rettenegg kommen. Ich war ja sonst während meiner Sennerinnenzeit nie in Filzmoos. Dazu hatte ich keine Zeit.

Wenn ich dich nicht so notwendig brauchen würde,
wärst du längst schon in Dachau!

Der Krieg hat mir viel Leid gebracht. Der Erste
schon, und der Zweite auch wieder: Ich habe meinen
Geliebten verloren.

Mein Bruder Florian, der nicht einrücken wollte, ist
schon während der Ausbildung in Tirol desertiert.
Man hat ihm zu Hause gut zugeredet, sich wieder zu
stellen, er hat darauf gehört, um dann ein zweitesmal
aus Tirol auf und davon zu gehen. Er flüchtete sich
aufs Haidegg-Gut, das ja ihm gehörte. Dort haben ihn
fanatische Nationalsozialisten aufgestöbert und ihm,
als er davonlaufen wollte, mit der Schrotflinte nach-
geschossen. Auf die Beine.

Verwundet suchte er beim Vierthalbauern in Neuberg, einem guten Freund unseres Vaters, Zuflucht.
Der hat sich das aber natürlich nicht getraut. Das war
ja furchtbar damals, es hatte jeder Angst. Wenn das
bei mir nicht der Fall war, so nur deshalb, weil ich die
möglichen Auswirkungen nicht kannte. Mir wurde
die Gefährlichkeit mancher meiner Äußerungen erst
lange im nachhinein bewußt.

Für den Florian, der vom Vierthalbauern der
Polizei gemeldet und verhaftet worden war, ging ich
zu unserem Verwalter, der auch Kreisbauernführer
war, von dem ich mir Hilfe erwartete. Ich kam mit ihm
gut aus, wir waren – wenn keine Leute dabei waren –
sogar per du. Es gab viel wegen der Tiere zu bereden,
da er aber immerhin der Verwalter war, sagte ich vor
andern schon „Sie" zu ihm. Politisch verstanden wir
uns nicht, aber meine Arbeitsleistung schätzte er. Ich
machte halt manchmal so skeptische Bemerkungen
zur politischen Situation, das hat ihn sehr geärgert.

Damals jedenfalls ging ich zum Verwalter und hab

ihn gebeten, doch meinem Bruder zu helfen. Der sei ein harmloser Mensch, der es tatsächlich nicht fertigbrächte, auf andere zu schießen. Das hat auch wirklich gestimmt. Er war ein sehr sensibler Mensch, der sich wegen einer enttäuschten Liebe vorher schon völlig von der Welt abgewandt hatte.

Herr Hegge, der Verwalter, half mir nicht. Ich war beleidigt und hielt ihm oft vor: „Du hättst es in da Mocht ghobt, daß d' mein Bruada befreit hättst! Da Kriag geht eh sowieso futsch!" Darüber hatten wir schon öfter geredet. Dabei sagte er mir dann einmal: „Wenn ich dich nicht so notwendig brauchen würde, wärest du längst schon in Dachau!"

Ich hab damals nicht ermessen können, was das heißt! Erst später, als ich Berichte von ehemaligen KZ-Häftlingen gehört habe, wurde mir klar, was das bedeutet hatte. Zwar ist bei uns schon ein Bauer ins KZ gekommen, den hatte ein Kriegsgefangener verraten, eine Kuh schwarz geschlachtet zu haben, aber Genaueres wußten wir damals darüber noch nicht, weil auch kaum darüber gesprochen wurde.

Mein Bruder kam in ein Straflager, dann an die vorderste Front nach Rußland; dort ist er bald darauf gefallen. Wir haben nur die Nachricht bekommen, daß er in Saporoshje gefallen und begraben ist – und sonst nichts mehr.

Das Haidegg-Lehen bekam mein Bruder Stefan. Auch um seinetwillen hab ich den Verwalter gebeten: „Schau, daß da Steffl dahoambleibn kou! Es is jo neamd oubn ba den Lechn!" Aber es half nichts. Nach seinem Dafürhalten hätten halt alle mit Begeisterung dabei sein sollen.

Mein ältester Bruder, der meinen Heimathof, das Rettenegg, übernommen hatte, mußte dann auch das Haidegg einarbeiten. Der hatte sich bei einer Übersiedlung für Freunde des Vaters die Zehn abgefroren.

Deshalb mußte er nicht einrücken. So wendet sich oft vorerst Nachteiliges in einen Vorteil.

Versuch, den Dienstgeber zu wechseln

Unterm Kriag gibt's do nix!
Bleiben S' nur schön, wo S' san!

Die Unnachsichtigkeit des einflußreichen Verwalters und Kreisbauernführers gegen meine Brüder hatte mein Dienstverhältnis getrübt. Mit der Chefin kam ich immer gut aus. Aber der Fanatismus der beiden Männer hat mir mißfallen.

Auch der Chef war ein überzeugter Nazi und die oberste Instanz beim obersteirischen Arbeitsdienst. Er kam immer in die Küche, wo eine riesige Landkarte aufgehängt war, und hat dort jeden Vormarsch der deutschen Truppen eingezeichnet. Einmal sagte ich zur Chefin: „I bin schon neigierig, wos da Herr Hoppenrath nocha tuat, bold's hezruck geht (wenn der Rückzug beginnt), ob er do die Strich a no mocht?"

Sie warnte mich: „Wawi, sag das um Himmels willen nicht in Gegenwart meines Mannes; das würde dir schreckliche Nachteile bringen!" Da wußte ich, daß ich meinen Mund zu weit aufgetan hatte – sie hätte ihm's ja durchaus hinterbringen können.

Der Verwalter eines Gutshofes in Altenmarkt wollte mich abwerben – als Wirtschafterin. Er meinte, das wäre für mich die leichtere Arbeit als hier am Wenghof mit dem großen Viehbestand. Das beurteilte auch ich so. Darauf kündigte ich beim Verwalter. Dieser nahm die Kündigung wortlos entgegen.

Damals brauchte man bei Dienststellenwechsel eine Zuweisung des zuständigen Arbeitsamtes. Die konnte jedoch nur dann erteilt werden, wenn der bisherige Dienstgeber seine Zustimmung gab. Als ich am Arbeitsamt Bischofshofen diesbezüglich vorsprach, sagte man zu mir: „Unterm Kriag gibt's do nix! Bleiben S' nur schön, wo S' san! Wonn Ihna der Dienstgeber nit freigibt, brauchn S' gor nit hoffn, daß S' do wegkemman!"

Offenbar war Herr Hegge schon hier gewesen und hatte dafür gesorgt, daß mir die Zuweisung zum neuen Dienstgeber nicht erteilt wurde. Ich konnte mich mit dieser Tatsache abfinden, da es mir soweit nicht schlecht gegangen ist. Im Gegenteil: ich bekam es nicht einmal zu spüren, daß Krieg war! Ich mußte niemals Hunger leiden. Die Chefin schickte mir genügend Lebensmittel auf die Alm und sagte mir, ich könne jederzeit, wenn mir etwas fehle, nach Sankt Martin gehen, um es mir dort auf ihre Rechnung zu kaufen.

Geburt des Sohnes Franz

. . . zur gleichen Zeit
bekam noch eine andere Frau von ihm ein Kind

Nachdem mein Bräutigam gefallen war, habe ich einen Sankt Martiner Bauern, der auch Rupert hieß, kennengelernt. Sein Hof war recht ansehnlich, er selbst hat mir auch ganz gut gefallen.

Von ihm wurde ich schwanger. Ich habe ihn jedoch verlassen, denn ungefähr zur gleichen Zeit, in der mein Franz geboren wurde, bekam noch eine andere Frau von ihm ein Kind. Das habe ich von Bekannten erfahren. Von einer anderen Frau hatte er mir nie etwas erzählt. Ich war so enttäuscht, daß ich ihm gesagt habe: „Brauchst di goa net kümmern ums Kind, brauchst nix zohln. Oba des Kind ghert nua mia alloan!"

Das hat er akzeptiert. Wie ich später erfuhr, hatte er vorher schon zwei ledige Kinder gehabt; darum war er auch gar nicht beleidigt, daß er sich um meines nicht zu kümmern brauchte.

Nachdem ich nach der Geburt meines Sohnes aus dem Spital entlassen wurde, war ich vierzehn Tage lang bei meiner Schwester in Filzmoos, danach kam ich wieder an meinen Dienstplatz. Das Kind hatte ich fortan bei jedem Dienstgeber bei mir. Das wurde nicht allen Dienstboten erlaubt. Aber die Hoppenraths hatten mich immer geschätzt. Mit Frau Hoppenrath gab es wegen des Kindes wirklich nie Probleme. Sie mochte meinen kleinen Franzi sehr gern.

Auch die anderen Dienstboten hatten Freude mit ihm, wollten ihn in der Küche behalten, wenn ich im Stall zu tun hatte, um auf ihn aufzupassen. Über kurz oder lang kam jedoch meist jemand in den Stall und sagte: „Du muaßt wieda einekemman, der Franzi woant so!"

Wenn ich ihn dann in mein Zimmer hinauftrug, war er wieder ruhig, dort hat er nicht ein einziges Mal geweint. Als er dann größer wurde, hat er sich dort mit einem Spielzeug beschäftigt, oder er ist am Teppich eingeschlafen. Er war es nicht gewöhnt, sich ohne mich unter anderen Leuten aufzuhalten. Wenn ich dabei war, war er vor anderen Leuten nicht scheu. Wegen des Kindes gab's nie Probleme. Ich konnte meine Arbeit zur Zufriedenheit meiner Dienstgeber erledigen, und nachmittags hatte ich ja am Wenghof – wenn die Arbeit erledigt war und nichts Außertourliches dazukam, wie etwa ein zu versorgendes Kalb – zwei bis drei Stunden Freizeit. Das kannte ich von zu

Hause nicht. Da mußten wir nach vollbrachter Arbeit noch spinnen.

Ich kam damals nur einmal nach Filzmoos. Es gab damals schon die Möglichkeit, mit dem Postautobus zu fahren. Man mußte nicht mehr von der Bahnstation Mandling den sechs Kilometer langen, bei Hochwasser gefährlichen Weg zu Fuß gehen. Ich habe nur meine Schwester besucht, die gleichaltrige Kinder hatte. Es gab damals auch noch keinen Urlaub.

Dadurch, daß die Chefin so gut war, ging es mir mit meinem ledigen Kind bei weitem nicht so schlecht wie meinen Ziehschwestern, obwohl diese Bauerntöchter gewesen sind, nicht Mägde. Kein Mensch hat mich deshalb verachtet, im Gegenteil, wie schon gesagt, man hat den kleinen Franzi gern gehabt. Die Chefin hat ihn ja dann auch viele Jahre später, als er in Radstadt die Hauptschule besuchte, unentgeltlich wieder aufgenommen.

Bevor mein Sohn in die vierte Klasse gekommen ist, starb Frau Hoppenrath. Ich wurde verständigt und bin zum Begräbnis hinausgefahren. Sie wurde, weil sie andersgläubig war, im Friedhof von Radstadt nicht vorne, wo die schönen Gräber sind, sondern hinter der Kirche, an der Friedhofsmauer, begraben. Als ich nachher einen mir bekannten Pater am Nachhauseweg traf, sagte dieser: „Du wirst doch nicht zu dem ungläubigen Begräbnis gegangen sein!"

Das hat mich geschockt! Ich sagte: „Freili bin i gwesn! I hon doch die Frau Hoppenrath so gern ghobt!" – „Dos schickt si net für an Christnmenschn!" war seine Antwort. Das wollte mir nicht in den Kopf, daß das etwas Falsches sein sollte, auf das Begräbnis eines Menschen zu gehen, der so gut war wie sie, nur weil dieser andersgläubig war! Und Frau Hoppenrath ist wirklich zu allen Leuten gut gewesen, es haben sie auch alle gern gehabt.

Wegen ihrer nationalsozialistischen Vergangenheit wurden die Hoppenraths nach Kriegsende gezwungen, den Hof an einen Bauern aus der Steiermark – der als Nazi-Gegner bekannt war – zu verpachten. Herr Hoppenrath und Herr Hegge mußten aufgrund ihrer Tätigkeit für die Nazis sogar ins Gefängnis. Herr Hoppenrath kam bereits nach ein paar Monaten wieder frei, Herr Hegge erst nach knapp drei Jahren. Die übrigen Familienmitglieder durften weiter im Haus wohnen, sie mußten jedoch mit einem Zubau – dem ehemaligen Quartier der Kriegsgefangenen – vorliebnehmen.

Ich zog mit Kind und Kegel und zwei Kühen auf die „Hager", ein Wenghof-Zulehen; es lag hoch am Berg, dem Roßbrand. Diesen kleinen Hof bewirtschaftete ich den Sommer über, auch den darauffolgenden Winter verbrachte ich noch da.

Dienstplatzwechsel

. . . do bleibst aa neama,
ba den Steira!

Eines Tages besuchte mich eine gute Bekannte aus der Nachbarschaft und sagte zu mir: „Du, do bleibst aa neama, ba den Steira! I woaß an so an guatn Postn! Do is koa Beirin net, er is Wittiber. Des is in Gosthofberg draußn. Da Baua is net loub! Do geht's da sicha guat!"

Das wollte ich mir überlegen. Im Grunde wollte ich gern weg, denn an meine alten Dienstgeber hatte ich mich so gewöhnt, mit denen harmonierte ich besonders gut, und so fiel es mir schwer, mich auf den neuen, den Steirer, einzustellen. Ich bin dann Mitte

März 1946 von der „Hagern" zum Langbruck, so hieß der Bauer, übersiedelt.

Mein Kind, sechs oder sieben Hühner und eine Katze, welche von Flüchtlingen zurückgelassen worden war und die keiner haben wollte, habe ich dorthin mitgenommen. Was, wie sich herausstellte, sehr nützlich war, weil meine neuen Dienstgeber uralte Hühner hatten, von denen keines mehr je ein Ei legte.

Mir hat es ganz gut gefallen. Die Dirn, die Kathei, habe ich richtig liebgewonnen. Sie war gleich alt wie ich. Der Bauer war soweit auch nicht zuwider, aber ganz nach dem alten Schlag halt. Wie viele alte Bauern war er schrecklich sparsam. Die Dirn erzählte mir, daß sie Anfang Jänner Brot gebacken hätten und bis Mitte März, als ich hinkam, kein frisches Brot mehr gehabt hatten. Das tat man, weil es hart wird, sich darum keiner mehr Brot abschneidet und es daher sehr ergiebig ist.

Der Hof war sonnseitig gelegen, alles gedieh recht gut, auch der Weizen. Aber der Bauer sparte das Mehl so lange auf, bis es sauer wurde. Alles, was damit gekocht wurde, schmeckte sauer. Das aßen wir dann nicht mehr so gern. Das Brot konnte man in der sonst üblichen Weise nicht mehr essen, nur in die Milch oder in den Kaffee geschnitten war es noch genießbar.

Beim Lohn konnte sich seine Sparsamkeit nicht bemerkbar machen, der wurde ja schon vorher vereinbart. Er ist mir pünktlich ausbezahlt worden, auch in die Sozialversicherung wurde eingezahlt.

Gleich zu Beginn meines Dienstantritts säte ich im sonnseitig gelegenen Gemüsegarten Samen für verschiedene Gemüsesorten aus. Die Pflanzen gediehen prächtig, bald konnte ich sie aussetzen. Darunter war auch blauer Kohlrabi. Da sagte der Bauer zur Dirn: „Na! Sein tuat's wuhl aa a Gfrett! Vastehn tuat de

Gsellin goa nix! De Pflonzn, des eingsetzt hot, werdnt jo schon gounz blau!" Dazu muß man wissen, daß manche Weißkrautpflanzen – er hielt sie für solche – bevor sie eingehen, eine bläuliche Farbe annehmen.

Sein Sohn, der Seppi, war im Kopf nicht ganz richtig. Zuerst bemerkte ich's nicht. Ich wunderte mich nur, warum er nicht hat einrücken müssen. Aber allmählich gewann ich die Überzeugung, daß er geisteskrank war. Das sagte ich auch einmal zum Kathei. Sie beruhigt mich: „Na, do brauchst di ibahaupt net fiachtn! Oba sog nua bloß zan Bauan nix, der is gounz beleidigt, wonn du eahm sogast, daß da Bua im Kopf net richtig wär!"

Ich hatte Angst, weil er immer so gern mit meinem kleinen Franzi spazierenging, daß da einmal etwas passieren könnte. Er blieb mit dem Kind sehr lange weg, anstatt daß er am Acker oder sonstwo etwas gearbeitet hätte. Das Kathei meinte, er habe ihn halt sehr gern und würde ihn eher beschützen, als ihm etwas antun. Eigenartig kam mir vor, wenn er beim Ackern mit dem Vater alles liegen und stehen ließ, und zu jedem gackernden Huhn in den Stall lief, um die Eier zu suchen.

Auf mich war Seppi auch versessen. Er kam öfters am Abend in mein Schlafzimmer und erzählte ungereimtes Zeug. Er konnte sich in seinen Schimpftiraden über eine kürzlich vom Hof gegangene Dirn nicht beruhigen. Er sagte, sie habe gestohlen, ihm alles mögliche zugemutet, ja sogar versucht, ihn zu allen möglichen Schlechtigkeiten zu verleiten. Ich wußte mir oft nicht zu helfen mit ihm. Ich war müde, aber ihn einfach Schlafengehen schicken, das getraute ich mich auch nicht. Ich habe ihn immer getröstet mit so Dahingesagtem: „Na, Seppi, is na do schrecklich!" Je mehr ich ihm aber mütterlich begegnete, desto mehr hat er sich an mich geklammert. Ich war sein Ein und

Alles. Er kam oft in die Küche, um mit mir zu plaudern; meist war es eine sinnlose, sich wiederholende Rederei!

Vierzehn Tage, nachdem ich später von dort weggegangen war, hat man ihn am Gasthofberg einfangen müssen, weil er mit einem Küchenmesser herumlief und Leute bedrohte. Zuerst wurde er im Gasthofkasten, einem ehemaligen großen Getreidekasten, eingesperrt. Um den Peterstag herum kam er dann in die Nervenheilanstalt. Im August desselben Jahres ist er dann gestorben.

HOFÜBERNAHME UND HEIRAT

I fiacht mi net!

Das Haidegg-Gut

Dort hat es fürchterlich ausgeschaut!
Es war nichts da!

Das Haidegg-Gut, wo ich heute noch lebe, gehörte einst zum Reithof. Ein Knecht auf diesem Hof hat es gekauft und bewirtschaftet. Sein Sohn, der Holzknecht und bei den Leuten sehr beliebt war, hat gern gezecht. Er machte Schulden, mußte einrücken und kam nicht mehr aus dem Krieg zurück.

Dann übernahm seine Schwester den Hof. Diese hatte aber schon in Altenmarkt eine kleine Wirtschaft, nähen konnte sie auch sehr gut und hat viel für andere Leute genäht. Alles zusammen hat sie aber nicht bewältigen können, daher verpachtete sie den Hof. Später kaufte ihn mein Vater für Florian, meinen jüngsten Bruder.

Dann kam der Krieg, Florian wollte nicht einrücken und ist desertiert. Was weiter mit ihm geschah, habe ich schon erzählt. Als er 1943 in Rußland fiel, übernahm mein zweitältester Bruder, Stefan, das Haidegg-Gut. Während der Kriegsjahre, in denen ja beide nicht zu Hause waren, hat es mein ältester

Bruder, der Rettenegg übernommen hatte, mit bewirtschaftet.

Nach dem Krieg begann also Stefan hier am Haidegg. Ein Jahr und einen Tag nach seiner Heimkehr, am 26. Mai 1946, starb er ganz plötzlich an Gehirnschlag. Es war niemand bei ihm. Er hatte vor, einige Tage auf die Alm zu gehen, um dort den Zaun auszubessern. Da er noch keinen eigenen Hausstand führte, wurde er von seiner Schwägerin in Rettenegg versorgt. Von da ging er auch an diesem Tag los, und nur an die hundert Meter entfernt ereilte ihn das Schicksal. Die Nachbarskinder, die zum Einkaufen geschickt wurden, haben ihn erst zwei Tage später gefunden, weil es ein wenigbegangener Weg war.

Wahrscheinlich war sein plötzlicher Tod auf eine Kriegsverletzung zurückzuführen: Er hatte damals durch einen Hufschlag von einem Pferd am Hinterkopf eine schwere Verletzung erlitten, deretwegen er auch lange im Spital gewesen war.

Durch den plötzlichen Tod meines Bruders war das Haidegg wieder verwaist. Es war niemand da, der es hätte bewirtschaften können oder wollen. Verkaufen wollten wir es auch nicht gerne; so redeten mir meine Geschwister zu: „Geh du hin! Werst scho iagendwie sechn, wias da geht! Hergebn tua ma des aa net!" Darüber hinaus gaben sie mir zu bedenken, daß ich dann auch nicht mehr im Dienst sein müßte. Der Langbruck-Bauer sah es nicht gern, daß ich ging, weil er nun wieder niemanden gehabt hat und unterm Jahr selten ein Dienstbotenwechsel stattfindet.

Am 8. Juni 1946 kam ich hierher. Nie in meinem Leben hatte ich je daran gedacht, daß das einmal der Fall sein könnte, nie! Und gar so gern tat ich's nicht, denn ursprünglich wollte ich überhaupt nicht mehr nach Filzmoos zurückgehen. Dort hat es fürchterlich ausgeschaut! Es war nichts da!

Die Frau aus Altenmarkt wird wohl, bevor sie verpachtete, alles mitgenommen haben, was für sie von Interesse war. Dann werden die Pächter das Gleiche noch einmal gemacht haben. Es war jedenfalls nichts mehr da. Als Betten waren nur alte Kisten da. Nicht einmal Stroh, um einen Strohsack für ein Bett zu füllen, gab es. Es gab keinen Zaun, kein Wasser im Haus und erst recht kein Licht. Später mußten wir feststellen, daß auch nur mehr ganz wenig wuchs, weil sich so lange niemand wirklich um den Boden gekümmert hatte.

Ich habe mir dann noch oft gedacht: „Nein, was hab ich denn angefangen, daß ich da hergegangen bin!" Sehr zugute kam mir, daß ich mir während der Kriegszeit einiges angeschafft hatte. Der Wenghof-Verwalter hat mich immer mit Bezugsscheinen versorgt, von meinem Lohn habe ich mir dann Geschirr und anderen Hausrat gekauft. Damals konnte ich noch nicht ahnen, wie nötig ich diese Sachen noch brauchen würde.

Und hat mir keines gegeben!

Am 8. Juni, als ich hier so um ein Uhr mittags ankam, war ein heißer Tag. Der Kleine jammerte: „Mammi, i hon an Duascht!" Darum ging ich zur Nachbarin um Wasser. Die war ganz entsetzt und sagte: „Du wirst dou net ins Hoadegg auffe kemman!?" – „Jo, schon! Des ibanimm i!"

Darauf hat sie beide Hände überm Kopf zusammengeschlagen und gesagt: „Na, wos dir einfollt! Do konnst net bleibn gonz alloa, do obn tuats jo geistern." Sie habe von meinen Brüdern den Garten gepachtet gehabt, und mitten am Tag beim Ansäen sei sie geflüchtet, weil es im Haus zu poltern und zu lärmen begonnen habe. „I fiacht mi net!" sagte ich. „I bin beim Sennerinnensein a vü alloa gwesn!"

Sie bot mir an, mir am Abend – falls ich da noch da wäre, denn sie meinte, ich würde gleich wieder davonlaufen – zwei von ihren Buben hinaufzuschicken, damit ich in der Nacht nicht allein sei. Ich lehnte dankend ab. Am Abend kamen tatsächlich zwei Buben, die ich jedoch wieder heimschickte. Von „Geistern" hörte ich weder in dieser noch in den folgenden Nächten etwas. Auch die Nachbarin hat die Geister nie mehr erwähnt; später erfuhren wir, daß sie meinem Bruder Stefan das Haidegg gerne abgekauft hätte ...

Die nächste Zeit war ich mit meinem Kind hier am Hof alleine. Mein Bruder Franz bot sich an, mir einzuarbeiten, damit ich im Winter Vieh halten könnte. Mit großem Fleiß hat er am Feld gearbeitet, meist allein, manchmal von einem tüchtigen jungen Mädchen, der Mitzi, unterstützt. Sie war aus Eben und half manchmal gegen Bezahlung bei mir aus.

Mein Bruder empfahl mir, Korn auszusäen. „Daß d' amol a Mehl kriagst und a Brot!" sagte er. Aber ich hatte kein Saatgut. Er riet mir, zu einem bestimmten Bauern zu gehen, von dem er glaubte, er habe gewiß etwas übriges Korn. Bei dem habe ich aber keines bekommen. Er sagte, er habe selber keines, könne mir daher auch keines geben.

Mein Bruder schickte mich zu einem anderen wohlhabenden Bauern, von dem wir uns auch deshalb Hilfe erhofften, weil er recht christlich war. Aber auch er lehnte ab und sagte, er müsse selber schauen, daß er mit dem Samen fürs Frühjahr zurechtkomme.

Da ging ich zu meinem ältesten Bruder, dem Rettenegger. Der sagte: „Na, i koun da koans gebn, wal i houn a Kronkheit in Korn drin, den Rost, den tätst du do auffe vabreitn! Des geht nit!" Und hat mir keines gegeben!

Dann kam mir vor, ich frage einmal beim oberen Nachbarn, ob der vielleicht eins hätte. Der sagte: „Jo, i houn holt nua a gonz a Hintas! Va den wird da net viel werdn!" Hinteres Korn sind die kleinen Körndln, die bei der Putzmühle gerade noch herabfallen, nachdem das Schönste bereits aussortiert ist. Ich sagte: „Ah, sei sou guat und leich ma holt des, damit i ibahaupt a Korn ousan koun!" Er hat es mir gegeben.

Zu meinem Ziehbruder Georg ging ich auch noch, obwohl ich wußte, daß da kaum was zu holen war, weil er tatsächlich nichts Übriges hatte. Aber der sagte: „Na, du, des gangat aa net, daß du net amol a Korn ousan mechst! I tua dir oas ausschlogn! Mir homs wuhl nou am Feld, i muaß's eascht eibringan. Aba 's Wetta tuat guat, do wird's glei, und nocha schlog i da oas aus!"

Das haben sie dann auch gemacht: Sie haben bald danach das Korn über einem Wagenrad ausgeschlagen, wie man es immer tat, wenn man schnell eins brauchte. Das habe ich dann auch noch bekommen.

Wir haben dann unterm Haus das ganze Feld ansäen können, und der Roggen im darauffolgenden Jahr ist wunderschön geworden. Ich glaube, unser ganzes Bauersein lang haben wir nie mehr so viel geerntet wie dieses Jahr. Ich konnte den beiden das Korn zurückgeben und tat das bestimmt recht reichlich.

Heirat

Nachher ist es eigentlich nie mehr gutgegangen

Seit diesem ersten Herbst auf Haidegg weiß ich erst, was Hunger ist. Wir hatten nichts: Es war keine Kartoffel da, kein Kraut, nichts! Ich bin oft so hungrig schlafen gegangen, wie ich in der Früh aufgestanden bin. Das bißl, das ich hatte, ging für den Kleinen drauf und auch für meinen Bruder, den ich ja beim Arbeiten verköstigen mußte.

Da sagte dann mein Bruder: „Du, schau, daß d' iagendwie jemandn kriagst!" Er konnte auch nicht immer heraufkommen, weil er ja unten das Sägewerk übernommen hatte. Da kam einmal meine Freundin mich besuchen und sagte: „Du, i woaß da an gounz an tichtign Bauan!"

Ich sagte ihr, daß ich zu keinem Mann irgendeine Beziehung hätte und es mir daher egal wäre, ob es dieser oder jener wäre. Sie meinte: „Der tuat net trinkn, der tuat net rachn, der vasteht die Bauanoabeit!" – Es ist gut und recht, dachte ich.

Ich habe immer noch mit allen Leuten, die ich neben mir hatte, während des Aufwachsens und auch im Dienst wieder, gut auskommen können, warum sollte es da nicht gehen. Am darauffolgenden Sonntag kamen sie, meine Freundin, ihr Mann und der, den sie für mich bestimmt hatten.

Ich war so gleichgültig, daß ich mir dachte, das könnte er sein, denn wirkliche Zuneigung empfand ich auch keinem anderen gegenüber. Es wurde abgemacht, daß er mich wieder besucht. Da kam er dann allein. Er erzählte, daß er immer schon ein Lehen hätte kaufen wollen, wenn er aber so zu einem solchen käme, wäre es ihm auch recht.

Bald gingen wir – der Hochzeitslader, mein Bräutigam und ich – von Hof zu Hof und von Haus zu Haus und luden die Gäste. Auch die Verwandtschaft, die etwas weiter weg wohnte, wurde eingeladen. Hochzeitslader war damals mein Ziehbruder Leonhard. Die jungen Leute freuten sich alle sehr auf unsere Hochzeit, denn es hatte wegen des Krieges so lange keine richtige Unterhaltung, wie es eine Hochzeit mit Musik und Tanz nun einmal ist, mehr gegeben. Auch heute noch sagen mir Leute, daß es auf meiner Hochzeit ganz besonders lustig gewesen sei.

Vierzehn Tage vor der Hochzeit mußten wir die Verkündigung in der Kirche bestellen. Das letzte Wochenende vor der Hochzeit gab's dann mit dem jungen Dirndl aus Eben, der Mitzi, Probleme. Mein Bräutigam war auf Besuch hier. Sie hatte wie jeden Samstag die Bänke in der Stube abzuwaschen. Dabei ist natürlich von der Bank Wasser auf den Boden geronnen, und er begann deshalb sofort mit ihr zu schimpfen: „Du kounnst die Oabeit net! Do muaßt scho aufpassn, daß nix oberinnt! Do vafault jo da Boudn!" Die Mitzi war natürlich beleidigt. Von meinem Bruder hatte sie den ganzen Sommer nur Lob, nie aber Schimpfe bekommen. Zu Hause in Eben hat sie das ihrer Mutter, die meinen Bräutigam auch kannte, erzählt, und die schrieb mir eine Woche nach der Verkündigung einen Brief. Sie riet mir von der Heirat ab, meinte, ich würde es sicher noch schwer bereuen. Sie erzählte von Begebenheiten, die mir zu denken gaben, schilderte meinen Bräutigam als hartherzigen Menschen.

Die ganzen Leute im Dorf waren bereits zur Hochzeit geladen – und jetzt sollte ich auf einmal sagen, ich wolle von allem nichts wissen? Dazu war ich zu feig. Obwohl mir schon Bedenken kamen, denn ganz so hat mir sein Verhalten nicht gefallen. Aber was hätte ich meinen Verwandten erzählen sollen? Die hätten sich schön was gedacht. Und einen Mann am Hof brauchte ich dringend.

Ich ließ den Dingen ihren Lauf.

Von da an begannen harte Zeiten für mich

Am 21. Oktober 1946, einem Montag, um zehn Uhr haben wir dann geheiratet.

Montag war im alten Filzmoos üblicherweise der Hochzeitstag. Der heute gebräuchliche Samstag ging nicht, da hätten die Leute am Sonntag ihre Kirchgehpflicht vernachlässigt. Gegen Mittag kamen wir von Kirche und Standesamt zum Wirt. Dort gab es das Hochzeitsmahl. Die Blechmusik hat gespielt. Zwar ohne Verstärker wie heute, aber es war dennoch für die jungen Leute mordsmäßig lustig.

Wir sind um Mitternacht herum nach Hause gegangen. Ich weiß noch genau, was für eine Nacht das war: ein wenig herbstlich, ein wenig nebelig, und ab und zu schien der Mond durch.

Am Dienstag gingen wir den Leuten zu Hause in Rettenegg einen Besuch abstatten. Da war ich von meinem Mann das erstemal richtig enttäuscht:

Ich hatte ihm schon zu lange geplaudert. Seine Ungeduld bemerkend, sagte ich zur Thresl, daß ich mich beeilen müsse. Sie beruhigte mich: „Geh, wos host denn! Wia wonn da der davoungangat! Wos glabst denn ibahaupt!" und lachte. Dann stand sie da, verdutzt, als ob ihr jemand eine Ohrfeige gegeben hätte, als sie ihn oben auf der Anhöhe gehen sah. Er ist mir tatsächlich davongegangen.

Nachher ist es eigentlich nie mehr gutgegangen. Wir waren zwei völlig verschiedene Charaktere.

Aber letzten Endes hat sich doch wieder
alles zum Guten gewendet

Haidegg verlangte von uns unsägliche Mühen, nur fürs Überleben. Hier sollte ich das erstemal erfahren, wie arg Hunger sein kann. Das Heiraten ist mir nicht gut geraten, da leuchtete mir kein guter Stern. Aber letzten Endes hat sich doch wieder alles zum Guten gewendet.

Für mein Alter bin ich gesund, was man sehr schätzen muß.

Nach der Trennung von meinem Mann habe ich viele neue Dinge kennengelernt und erfahren, wie das Schreiben an diesem Buch.

Wenn der Herrgott nicht gewollt hätte, wäre ich längst nicht mehr am Leben. Mein großes Gottvertrauen hat mich die vielen, vielen Sorgen und Schicksalsschläge, die dem hier Erzählten noch folgen sollten, ertragen lassen.

Zur Entstehungsgeschichte
dieses Buches

„Ich bin Barbara Passrugger, geborene Hofer. Meine Eltern waren Johann und Anna Hofer, Bauersleute vom Rettenegg-Gut in Filzmoos. Ich war deren achtes Kind. Da wurde mir schon ein hartes Schicksal in die Wiege gelegt."

So begann der Lebenslauf, den Barbara am 28. März 1985 an Prof. Michael Mitterauer vom Institut für Wirtschafts- und Sozialgeschichte schickte. Es war dies ihre Reaktion auf eine Sendung des „Familienmagazins" im Österreichischen Rundfunk.

Es sollte der Anfang einer Reihe von Beiträgen sein, die Barbara für die Erforschung des Lebens in einer bäuerlichen Gesellschaft leistete, die es in dieser Form heute nicht mehr gibt. So schrieb sie für die Dokumentationsreihe „Damit es nicht verlorengeht . . ." Erinnerungen an ihren Schulalltag in dem Band „Hände auf die Bank . . ."[1] und erzählte in einem anderen Band der Serie wie es war, „Als das Licht kam".[2]

Die von Michael Mitterauer herausgegebene Reihe „Damit es nicht verlorengeht . . ." entstand wie die oben erwähnte Rundfunksendung im Rahmen eines Forschungsprojektes zur Sozialgeschichte der Familie am Institut für Wirtschafts- und Sozialgeschichte der Universität Wien. Primäres Ziel war dabei, breite Bevölkerungsschichten dazu anzuregen, lebensgeschichtliche Aufzeichnungen niederzuschreiben, die allerdings nur in Ausnahmefällen veröffentlicht werden sollten. Unter dieser Prämisse begann auch Barbara zu schreiben – vorerst, wie gesagt, themenzentriert.

Was Barbara erzählte, war in zweifacher Hinsicht von Bedeutung: Sie konnte Einblick geben in das Alltagsleben des alten Filzmoos, einer Bergbauerngemeinde am Fuße des Dachsteins, vor dem Einsetzen eines durch den Tourismus sowie allgemeingesellschaftliche Veränderung bedingten sozialen Wandels. Die Schilderung ihres Lebens und Erzählungen zur Situation der Ziehmutter enthalten Momente, die für die Situation von Bäuerinnen bezeichnend sind – einer Gesellschaftsgruppe, die in der sozialhistorischen Forschung selten behandelt wird. Das Wissen einer Zeitzeugin über diese beiden historisch interessanten Themenkreise sollte nicht verlorengehen. Daraus entstand die Idee der Veröffentlichung der Lebensgeschichte von Barbara Passrugger.

Im Jänner 1986 besuchte ich Barbara zum erstenmal auf ihrem Hof in Filzmoos. Damals und während weiterer Aufenthalte entstanden insgesamt 27 Tonbänder, die die Basis für dieses Buch bildeten. Aus den Transkriptionen dieser Tonbänder und aus den bereits vorhandenen 80 Seiten handschriftlicher Aufzeichnungen stellte ich einen ersten Rohentwurf für dieses Buch zusammen. Selbstverständlich gab es zwischen den Tonbandaufnahmen und den zum Teil an mich, zum Teil an Mitarbeiter des Instituts gerichteten Manuskripten stilistische Unterschiede, die überwiegend von Barbara selbst ausgeglichen wurden. Diese Korrekturen bewirkten eine größere Geschlossenheit des Textes und entsprachen dem schriftlichen Erzählstil Barbaras. Bisweilen wurde allerdings dadurch die Ausdruckskraft ihrer Sprache zurückgenommen.

Schon während der Tonbandaufnahmen kam es – angeregt durch die Reaktion der Dorfbewohner auf Barbaras Publikationen – zwischen ihr und den Söhnen Hans und Franz zu Diskussionen darüber, was gesagt werden darf, ohne durch Indiskretionen andere zu verletzen, und was gesagt werden muß, um nicht ein allzu harmonisierendes Bild der manchmal harten Realität zu zeichnen. Wichtig erscheint mir in diesem Zusammenhang auch die Reflexion über Barbaras Beziehung zu dem von ihr sehr bewunderten, aber auch gefürchteten Vater. Gewiß wurde dadurch die Auswahl der erzählten Fakten beeinflußt, was ja auch vorher schon durch die in Einschränkung auf einen bestimmten Themenkomplex gestellten Fragen geschah.

Vom Schicksal, ein Ziehkind zu sein

Durch den tragischen Umstand, daß Barbaras Mutter neun Tage nach ihrer Geburt verstarb, wurde sie Ziehkind. Das war früher kein seltenes Schicksal.[3] Bei Mägden war es üblich, ein illegitimes Kind gegen Bezahlung bei anderen – meist bei Verwandten – versorgen zu lassen. Neben der schweren Arbeit konnte man sich nicht um die Kinder kümmern. Die Bäuerinnen hatten zudem ein Wort mitzureden, ob das Kind bei der Mutter blieb, und die sahen das in der Regel nicht gern. Kam es zu einer Verehelichung der Mutter, wurde das Kind oft in den neu gegründeten Haushalt geholt.

Im bäuerlichen Milieu, wo weibliche Dienstboten oder Geschwister da waren, die sich um das Kind kümmern konnten, war es aber nicht unbedingt üblich, ein Kind wegzugeben. Als Barbaras Ziehschwester ein uneheliches Kind bekam, blieb es im Haushalt der Ziehmutter und lebte später nach der Verehelichung bei den Eltern. Barbara selbst hat es mit ihrem ältesten Sohn dann auch so gehalten.

Sehr arme Eltern waren gezwungen, Kinder wegzugeben, damit ein Esser weniger im Haus war. Ziehkind zu sein war also eher ein Unterschichtenschicksal. Bei Barbara war das anders. Sie hatte einen wohlhabenden Vater. Es handelte sich nicht um ein illegitimes Kind. Barbaras ältere Schwester Anna aber war, als die Mutter starb, noch zu jung, um für den Säugling zu sorgen. Die Großmutter, für die die Übernahme des Arbeitsbereiches ihrer verstorbenen Tochter schon eine hohe Leistungsanforderung darstellte, konnte nicht auch noch das Kleinkind versorgen.

Barbara wurde nicht auf den Elternhof zurückgeholt, als sie nicht mehr beaufsichtigt werden mußte und keine Last für die Arbeitenden darstellte. Auch hat der Vater der Oberhofbäuerin, ihrer Ziehmutter, keinen Unterhalt gezahlt. Sie mußte aus diesem Grund später, als sie zur vollen Arbeitskraft herangewachsen war, „abdienen", also auf Abmachung ihres Vaters mit der Ziehmutter ohne Lohn für Kost und Kleidung arbeiten.

Die Ziehmutter war für Barbaras Familie keine Fremde. Der Bruder von Barbaras Großmutter, der mit drei Geschwistern aus Seekirchen nach Filzmoos zugewandert war, war „Moaknecht" auf dem Oberhof gewesen. Der Oberhof, das Gut der Ziehmutter, hatte durch Jahrhunderte der Familie Hofer gehört, aus der auch Barbaras Vater stammte. Maria Salchegger, die Ziehmutter, war selbst Ziehkind auf dem Oberhof gewesen. Die Oberhofbäuerin hatte keine leiblichen Kinder gehabt und in einem solchen Fall war die Annahme eines Kindes – meist aus der eigenen Verwandtschaft – auch im bäuerlichen Milieu keine Seltenheit. Die Beweggründe Maria Salcheggers, die kleine Barbara in die Familie aufzunehmen, waren allerdings andere, da sie ja selbst zehn eigene Kinder hatte. Sie wollte eine verstorbene Tochter gleichen Namens „ersetzen". Das war zur damaligen Zeit nicht selten der Fall.[4]

Die Ziehmutter war 48 Jahre alt und Witwe, als Barbara auf den Oberhof kam. Für sie wird es als Frau gewiß von Bedeutung gewesen sein, noch einmal ein Kind großzuziehen. Anders als bei ihren eigenen Kindern hatte sie, entlastet durch die erwachsenen Töchter, vor allem aber weil Barbara das einzige zu versorgende Kind war, mehr Zeit für sie. Barbara durfte bei ihr im Ehebett schlafen. Bald nahm sie sie in die Kirche und auch bei anderen Gelegenheiten mit, so daß die Ziehgeschwister, so erinnert sich Barbara heute, fast ein wenig eifersüchtig waren.

Barbara hatte sieben Ziehgeschwister (drei der zehn Kinder Maria Salcheggers waren früh verstorben) und sieben leibliche Geschwister. In der Kindheit standen ihr die Ziehgeschwister, mit denen sie zusammenlebte, trotz des relativ großen Altersunterschieds persönlich näher als die wirklichen. Merkmale liebevoller geschwisterlicher Beziehung lassen sich aus den Erzählungen über ihre Spielsachen und über das Samführen herauslesen.

Zu den leiblichen Geschwistern hatte sie auch während der Kindheit Kontakt. Die beiden Höfe waren ja nicht weit voneinander entfernt. Später, als Barbara wieder auf dem väterlichen Gut lebte, glich sich das Zusammengehörigkeitsgefühl gegenüber den Ziehgeschwistern und den leiblichen Geschwistern völlig aus.

Körperliche und psychische Belastungen von Bäuerinnen

Barbara schildert eindrucksvoll die Belastung von Bäuerinnen in früherer Zeit.

Die auf einem Hof anfallende Arbeit wurde in der Regel streng nach Männer- und Frauenarbeiten getrennt.[5] Männern wurden Tätigkeiten zugeordnet, die eine Entfernung vom Haus notwendig machten, die mit einem höheren Risiko verbunden waren und die größere körperliche Kraft erforderten. Frauen waren durch Schwangerschaften, Stillzeiten und anschließend durch die Betreuung von Kleinkindern an den Hof gebunden. Schwerarbeit und Risikotätigkeiten hätten das Leben von Mutter und Kind während der Schwangerschaft gefährdet.

Zu den Aufgaben der Frauen gehörten die Stallviehhaltung von Kühen, Jungvieh und Schweinen, die Milchwirtschaft, die Kleintierhaltung, der Gartenbau und der Pflanzenbau (zum Beispiel von Flachs, Kraut, Mohn und Hackfrüchten), weiters die vielfältigen, von Barbara geschilderten Tätigkeiten in der Weiterverarbeitung des Flachses bis zum Spinnen und schließlich die Herstellung von Kleidung. Damals war auch im Bereich der Lebensmittelherstellung noch weit mehr als heute zu tun: das Brotbacken, die Weiterverarbeitung der Milch, die Konservierung von Fleisch, Obst und Kraut. Dann waren noch die Haushaltstätigkeiten im modernen Sinn des Wortes wie Kochen und Waschen zu erledigen und als letzte, aber ganz wichtige Aufgabe die Sorge für die Kinder. Je nach Hofgröße und Gesindezahl konnte und mußte die Bäuerin an die Mägde Arbeit delegieren.

Selbstverständlich bewirkte die finanzielle Situation große Unterschiede in der Situation von Bäuerinnen. In Filzmoos gab es damals einige sehr stattliche Höfe. Wenn man sich die Arbeitskräftezahl des Oberhofs vor Augen hält – 16 Dienstboten waren die Regel – und bedenkt, daß Maria Salchegger die Wirtschaft als Witwe alleine leitete, wird erst die große Leistung der Ziehmutter klar, die Barbara bewundernd mit den Worten würdigt: „Daß eine Frau das allein hat bewältigen können." Zwar stand ihr ein weitläufig Verwandter als „Moaknecht" zur Seite, dennoch mußte sie sich bisweilen in Männerdomänen – zum Beispiel im Handeln – durchsetzen.

Nach dem Zweiten Weltkrieg setzte in Filzmoos eine Besitzaufsplitterung ein. Einfach war die Zufriedenstellung der weichenden Erben nie, wie Barbara am Beispiel der Übergabe des Oberhofes durch ihre Ziehmutter an ihren ältesten Ziehbruder Franz schildert. Heute werden häufiger als früher Grundstücke beziehungsweise Zulehen vererbt. Die bitteren Erfahrungen, die auch Barbaras Ziehgeschwister machen mußten, mögen ein Grund gewesen sein. Durch die Inflation der dreißiger Jahre konnte man vom ererbten Vermögen nur mehr ein „Packl Tabak" kaufen.

Ein anderes Problem war die Abwanderung der Arbeitskräfte aus der Landwirtschaft. Barbara erhielt das Haidegg-Gut, weil es vom Rettenegg-Bauern nicht mitbewirtschaftet werden konnte. Die Brüder, denen man es übergeben hatte wollen, starben im Krieg bzw. an Spätfolgen. So wird Barbara Bäuerin auf einem Hof, der zunächst nicht einmal das Überleben sicherte. Es fehlte das Saatgut, es gab kein Wasser. Nach drei Jahren, in denen Barbara zum erstenmal in ihrem Leben Hunger leidet, in denen sie für den Aufbau einer wirtschaftlichen Existenzbasis schwerste körperliche Arbeit leistet, werden in der Nacht vom 15. auf den 16. Jänner 1949 vom Sturm das Wirtschaftsgebäude und ein Drittel des Hauses abgedeckt. Auf den Ehebetten liegt morgens Schnee.

Die ersten Ehejahre zählten allgemein zu den härtesten Zeiten im Leben einer Bäuerin, denn meist mußte dem Betrieb für die Abfindung der weichenden Erben und der Altenteiler Kapital entzogen werden; die Bäuerinnen hatten in dieser Phase durch die Betreuung der Kleinkinder eine zusätzliche Arbeitsbelastung, und für viele stellte die Eingewöhnung in die Familie des Gatten ein Problem dar. Barbaras Erlebnisse in dieser Lebensphase sind zwar sicher eine Extremsituation, aber auch ohne Schicksalsschläge waren und sind die Anforderungen an Frauen – sowohl bei Klein- als auch bei Großbäuerinnen – enorm hoch. Das gilt vor allem für die Kriegsjahre, als die Arbeit der abwesenden Männer mitgemacht werden mußte.

Was Bäuerinnen im Alltag einst und jetzt zu leisten hatten, war schon verschiedentlich Thema wissenschaftlicher Arbeiten. Für den in diesem Band erfaßten Zeitraum gibt es eine ganz ungewöhnliche Studie aus dem Raum Württemberg von Maria Bidlingmeier.[6] Die Autorin hat zwei Jahre auf Bauernhöfen gelebt und die Ergebnisse ihrer Beobachtungen in beeindruckender Weise aufgezeichnet. Für heutige Verhältnisse liegt eine Studie der Forschungsgesellschaft für Agrarpolitik und Agrarsoziologie zum selben Thema vor,[7] in welcher umfangreiches Datenmaterial über das Leben von Bäuerinnen im europäischen Vergleich geboten wird.

Beide Studien zeigen,[8] daß die physische Belastung der Bäuerinnen nicht selten zu schweren Erkrankungen führte. Auch Barbara erzählt von der Schwerarbeit des Miststreuens, der sie als Siebzehnjährige nicht gewachsen war: „Durch die etwas gebückte Haltung, die man dabei einnehmen mußte, bekam ich fürchterliche Kreuzschmerzen. An solchen Tagen ging ich herum wie eine alte, gebückte Frau. Man durfte nicht klagen, sonst wurde gesagt, man sei nur zu faul zum Arbeiten."

1966 erleidet Barbara nach jahrelanger Krankheit einen Magendurchbruch. Nach dieser lebensbedrohlichen Erfahrung ändert sie die für Bäuerinnen typische Haltung des Leistungsdenkens. Sie ist heute, mit fast achtzig Jahren, eine rüstige, vitale Frau.

Das Heiratsverhalten im bäuerlichen Milieu

Ein Bauernhof brauchte ein Betriebsleiterpaar, der Status des Verheiratetseins gehörte fast unabdingbar zum Bäuerinnen- und Bauerndasein. Heirat und Hofübergabe erfolgten für gewöhnlich zur selben Zeit. So geschah es auch in Barbaras Familie beim Oberhof und beim Bögrein.

Die Notwendigkeit, ausgefallene Rollen zu ersetzen, schlägt sich auch im Zwang zur Wiederverehelichung im Todesfall eines der beiden Partner nieder. Die einzige Alternative dazu war die Übergabe an einen Erben, der seinerseits in einem solchen Fall heiraten mußte. Barbaras Vater, der seine Gattin im Alter von 35 Jahren verloren hatte und danach allein blieb, stellte eine Ausnahme dar.

Als Barbara das Haidegg-Gut übernahm, vermochte sie nicht ohne männliche Arbeitskraft auszukommen. Der Bruder konnte ihr nur vorübergehend helfen.

Da er seinen eigenen Betrieb auf die Dauer nicht vernachlässigen konnte, riet er ihr: „Du, schau, daß d' iagendwie jemandn kriagst!" Für eine bezahlte Arbeitskraft hatte sie kein Geld. Eine zu Besuch kommende Freundin erzählte ihr von einem Mann, der einem wichtigen Kriterium der Partnerwahl im bäuerlichen Milieu entsprach: Er verstand etwas von Bauernarbeit. Er war gesund, rauchte nicht und trank nicht. All das war für die Arbeitsgemeinschaft, die eine Bauernehe immer auch ist, wichtig. Natürlich wurde auch auf das Vermögen geachtet, das ein Partner mit in die Ehe brachte. Und Barbaras späterer Gatte suchte die Möglichkeit des Einheiratens in einen Betrieb.

Die Freundin stellte den Bräutigam in spe vor und nach mehreren Besuchen, die er Barbara abstattete, war man handelseinig. Auch sonst verlief die Eheanbahnung nach traditionellen Regeln: Es folgten das Gästeladen und die große Hochzeit mit Tanz und Musik, auf die sich alle freuten, war es doch die erste größere Unterhaltung nach Kriegsende.

In Filzmoos gab es früher wie auch sonst in ländlichen Gebieten bestimmte Verhaltensregeln bezüglich des Heiratens. Bei der Wahl von Partnern wurden solche aus derselben Gemeinde bevorzugt. Zeichen für einen kleinen Heiratskreis sind die von Barbara genannten Verbindungen in ihrer Familie, vor allem die Verehelichung ihres Ziehbruders mit ihrer Schwester.

Daß andere Werber nicht zuvorkamen, dafür sorgte die ortsansässige Burschenschaft. Barbara erzählt von einem Eduard, der vorübergehend in Filzmoos arbeitete und bei ihr „angebandelt" hatte, daß man ihm übel mitspielte.

Daß ein Verheirateter als Partner nicht in Frage kam, wurde Barbara durch eine gegen sie gerichtete Schmieraktion drastisch vor Augen geführt. Eine Scheidung war damals unvorstellbar. Die Scheidungsraten sind im bäuerlichen Milieu auch heute noch in ganz Europa unter dem gesamtgesellschaftlichen Durchschnitt.[9]

Die Möglichkeiten, einen Partner kennenzulernen,

178

waren in traditionellen ländlichen Gemeinden streng kontrolliert. Das war zum Beispiel beim Kirchgang und auf Unterhaltungen der Fall. Man war, wie Barbara erzählt, bei solchen Gelegenheiten stets gruppenweise, nie paarweise beisammen. Man konnte mit jedem tanzen oder sprechen, ohne daß sich jemand viel dabei dachte. Natürlich konnte man auch von einem Mann zu einer Veranstaltung eingeladen werden. Der hatte den Vater zu fragen. – Barbaras Vater verweigerte einmal diese Zustimmung noch, als sie schon 22 Jahre alt war. Schließlich gab es noch die Möglichkeit des Kennenlernens bei Wallfahrten oder bei gemeinsamen Arbeiten. Und im Grunde genommen kannte ohnedies jeder jeden, die Zahl der potentiellen Partner war nicht groß. Nur Verbindungen mit Auswärtigen bedurften der Vermittlung. Barbaras Ehe war ein solcher Fall.

Sehr oft erfolgte die Partnerwahl durch die Eltern. Das wurde nicht unbedingt als Einschränkung empfunden. Auch die Brautleute wählten nicht nur nach individueller Zuneigung, sondern auch nach materiellen Kriterien. Man sah den anderen nie losgelöst von seiner Umgebung, seinem Besitz, seiner Vergangenheit und seiner Zukunft. Diese Form der Partnerwahl entsprach einfach den damaligen Notwendigkeiten und prägte von Kindheit an die Erwartungen an die Ehe.

Ausgedinge

Mit der Hofübergabe entstand oft für die bäuerliche Hausgemeinschaft eine Krisensituation. Altenteiler und weichende Erben mußten abgefunden werden.

Die abtretenden Altbauern hatten ihre neue Situation zu verkraften. Im Bericht über die Übergabe des

Oberhofs kommt das auch zum Ausdruck: Die Ziehmutter wollte für die weichenden Geschwister sorgen, die alle ohne Lohn gearbeitet hatten, und sich das Zulehen Bögrein behalten. Dem Ziehbruder Franz wurde es dadurch wirtschaftlich schwer gemacht. Maria Salchegger, die Ziehmutter, hätte sich nach Jahren der Unabhängigkeit und der Alleinverantwortlichkeit in der Führung des Hofes in eine nicht absehbare Art der Versorgung durch die Jungbauern fügen müssen. Eine Einigung kam schließlich doch zustande, und Maria Salchegger behielt das Bögrein-Gut, das vor ihr auch ihrem Ziehvater als Ausgedinge gedient hatte.

Die schwierige Situation der Übergabe in früherer Zeit läßt sich aus den zahlreich erhaltenen Übergabsverträgen rekonstruieren, die bis ins kleinste Detail regelten, was die Alterteiler zu bekommen hatten. Neben Liegenschaften und Nutzungsrechten ist in diesen die Aufzählung von Lebensmitteln die Rede, die regelmäßig zur Verfügung gestellt werden mußten.[10] Barbara erzählt von den Besuchen beim Altbauern des Oberhofes, die sie gemeinsam mit der Ziehmutter machte und was man ihm alles mitbrachte.

Barbaras eigene Situation als Altbäuerin ist heute eine völlig andere. Sie ist auf dem Haidegg-Gut geblieben und führt ihrem Sohn Hans den Haushalt.

Anmerkungen

1 *Tesar*, Eva (Hg.), Hände auf die Bank . . . Erinnerungen an den Schulalltag. In: Damit es nicht verlorengeht . . ., hg. von Michael Mitterauer, Bd. 7, Wien-Köln-Graz 1985.
2 *Arnold*, Viktoria, Als das Licht kam. Erinnerungen an die Elektrifizierung. Hg., bearbeitet und mit einem Vorwort

versehen von Viktoria Arnold. In: Damit es nicht verlorengeht . . ., hg. von Michael Mitterauer, Bd. 11, Wien-Köln-Graz 1986.

3 *Weber, Therese* (Hg.), Häuslerkindheit. Autobiographische Erzählungen. In: Damit es nicht verlorengeht . . ., hg. von Michael Mitterauer, Bd. 3, Wien-Köln-Graz 1984.

4 *Mitterauer,* Michael, Namengebung. In: Beiträge zur historischen Sozialkunde, Bd. 2/88.

5 *Mitterauer,* Michael, Geschlechtsspezifische Arbeitsteilung in vorindustrieller Zeit. In: Beiträge zur historischen Sozialkunde, Bd. 3/81.

6 *Bidlingmeier,* Maria, Die Bäuerin in zwei Gemeinden Württembergs. Berlin-Stuttgart-Leipzig 1918. In: Tübinger Staatswissenschaftliche Abhandlungen, hg. von Carl Johann Fuchs, N. F., Heft 17, 1918.

7 Forschungsgesellschaft für Agrarpolitik und Agrarsoziologie e. V. Bonn (Hg.), Europäische Landfrauen im sozialen Wandel. Ergebnisse einer internationalen Arbeitsgruppe, Bonn 1983, 2 Bde.

8 *Bidlingmeier,* Maria, Die Bäuerin in zwei Gemeinden Württembergs, a. a. O., S. 22.
Europäische Landfrauen im sozialen Wandel, a. a. O., Bd. 1, S. 3 ff.

9 *Bach,* H., Europäische Landfrauen im sozialen Wandel, a. a. O., Bd. 1, S. 3–55 ff.

10 *Krabicka,* Eleonore, Übergabemuster ländlicher Hausgemeinschaften am Beispiel der Pfarre Andrichsfurt, 1813–1873 (Hausarbeit am Institut für Wirtschafts- und Sozialgeschichte der Universität Wien), Wien 1979.

Glossar

Im Text wurde in direkter Rede auf das Anbringen von Apostrophen verzichtet.

Als Regel der Schreibung in direkter Rede wurden die Lautverschiebungen von

„ei" zu „oa" (z. B. in „kloan" für „klein"),

„a" zu „o" (z. B. in „Obnd" für „Abend"),

„r" zu „a" (z. B. in „oabeitn" für „arbeiten")

berücksichtigt.

Worterklärungen im einzelnen

a 1. ein; 2. er
aa auch
Alm Grundbesitz in einer höhergelegenen Region
Amt Hochamt; feierliche Messe vor dem Hochaltar
aper schneefrei

Bam Baum
Bandltanz Tanz rund um einen Baumstamm, bei dem durch rhythmische Bewegungen der Tänzer Bänder, die diese in den Händen halten, in einer ganz bestimmten Anordnung um den Stamm geflochten werden
bloßfüßig barfuß
Buckl Rücken
Bütscherl Gefäß

Chrisam geweihtes Salböl

datschig flach ausgebreitet daliegend
Dianei, Dirndl Mädchen
dou doch

drein drinnen

eam ihm
eineschliafn auch in der Bedeutung von „sich etwas anziehen"
eins bisweilen im Sinne von „unsereins"; man
einstreuen dem Stallvieh ein Lager aus Stroh, Laub u. a. unterbreiten
enk euch
enkare euere

Falfen große Steine
Foafl Suppe aus Mehl und Milch
Fock Schwein
folgen bisweilen in der Bedeutung von „gehorchen" gebraucht
fuxen ärgern

gekloben von „klieben" = spalten, hauen; mit der Hacke zerteilt
gemma gehn wir
Gfratz, Frotz beides „Fratz", ungezogenes Kind
Gjot das Gejätete, das aus dem Feld oder Garten entfernte Unkraut
gmoant gemeint
Grass Reisig
grearscht geweint
Gwandl Gewand, Kleidungsstück

Hahnanbohren Gesellschaftsspiel, bei dem man einen spitzen Stock in die Hand bekommt. Man soll dabei mit verbundenen Augen eine Zielscheibe, die meist mit einem auf Papier gezeichneten Hahn geschmückt war, treffen. Häufiger wurden dabei die Mitspielenden getroffen, die auch alle mit verbundenen Augen nach der Zielscheibe suchten
Haklsteckn Spazier- oder Wanderstock
Halt Ort, an dem sich das Vieh aufhält, weidet
Haus auch für einen bestimmten Teil des Hofes, der dem „Flur" oder „Vorhaus" gleichzusetzen ist
Heufuder Wagenladung voll Heu

hiatz jetzt

Hinten-nach-Dienstboten in der sozialen Hierarchie am niedrigsten stehende Dienstboten

Hirterkammerl Raum, in dem der Hirt mit seiner Frau, der Sennerin Plonl, lebte; genauere Beschreibung siehe Text S. 20

hobn 1. halten; 2. haben.

Hochaltar Hauptaltar

Hochzeitslader Ein Bote, der gemeinsam mit den Brautleuten zur Hochzeit einlädt. Als Hochzeitslader wählte man einen möglichst sprachgewandten und humorvollen Freund oder Verwandten

Hosnpeln Hasenlosung, Hasenkot

hübsch bisweilen in der Bedeutung von „recht", „ziemlich"; z. B. in „hübsch lang"

Kaiblgatter Die Kälber waren in einem separierten Stall untergebracht. Diesen begrenzte nicht wie sonst üblich ein Futtertrog, sondern eine einer Leiter ähnliche Holzbarriere, von der die Kälber das Futter fraßen. Diese nannte man Kaiblgatter

Kaskistln Behälter zur Herstellung von Käse. In diese kam der Topfen hinein, das ganze wurde mit einem Holzdeckel verschlossen

Kathei Koseform von Katharina

Kematn Ein Raum, der – weil es dort kühl und dunkel war – zur Aufbewahrung verschiedener Lebensmittel diente

Kematnkammerl = Kematn

Klapptisch = Reiltisch; vgl. Erklärung Text S. 15

Klaubauf Krampus

Kommodkasten bequeme, zweckmäßige Truhe mit Schubladen

Kraxn Buckelkorb

Kröstling Preiselbeeren

Kugerlscheiben Spiel mit Murmeln

Lacken Pfützen

Leitn ein sonnseitig gelegener Hang

letz matt, müde, schlaff

Loub annehmbar, nicht garstig oder schlimm; „loub"

sagte man zu jemandem, den man nicht ungern
hatte

ma mir
malefizen von „Malefiz" = Strafgericht; jemanden arg
schimpfen, schelten
Mannerleut 1. Männer; 2. Gesamtheit der männlichen
Arbeitskräfte auf einem Hof
Miadei Koseform von Maria
Moaknecht ranghöchste männliche Arbeitskraft
Moasnbrot Butterbrot
Model Gefäß, in dem die Butter ihre Form erhielt
mogst darfst
Muas Mus

'n den
neama nimmer, nicht mehr
Nudl, der – auch in der Bedeutung von „Strudl", z. B. der
„Rosinen-Nudl", eine Weihnachtsspeise

Obnd Abend
oche, ochi hinunter
Orgei Kurzform von Georg

Packen Bündel
Peterstag Peter-und-Paul-Tag, der 29. Juni
Pirscher(in) junge(r) Dienstbot(e/in), der (die) in allen
Arbeitsbereichen mithelfen mußte
plärren ugs. für „weinen, widerlich schreien, unange-
nehm klingen"; hier für tierische Laute der Kuh
platschen lautnachahmendes Wort; „platsch" machen,
wenn ein Körper im Wasser aufprallt; hier: abwaschen
Plonl Koseform von Appolonia
Post, Post bringen, Post kemmen eine Nachricht bringen,
erhalten

Rauhnächte, Rauchnächte im Volksglauben Nächte der
bösen Geister in der Weihnachtszeit
raunzn nörgeln, widersprechen, weinerlich klagen
Reiltisch vgl. Erklärung im Text S. 15

resch 1. knusprig; 2. im übertragenen Sinn: lebhaft, munter

Rescher einer, der „resch" ist

Rorate Votivmesse im Advent zu Ehren Marias

Roßbrand Name einer Landschaft in der Nähe von Filzmoos

Ruep Koseform von Ruppert

Rührkübel händisch zu betreibendes Gefäß, das der Herstellung von Butter diente

rupfenes Leinen grobes, aus dem derbsten Flachs selbst hergestelltes Leinen

Russen vgl. „Schwaben"

's das

saan (an)säen

Saporoshje Zaporožje, Stadt in der Ukraine

Saubagasch Gesindel, Pack

Scharlfeld Feld (Wiese) des Scharlbauern

Scheitln Diminutivform von Scheit, Mehrz.; gespaltenes Holzstück

Schemerl relativ niedriges Sitzmöbel aus Holz ohne Rückenlehne

schiach häßlich; in bezug auf das Wetter: schlecht

schliafn schlüpfen

schmal bisweilen für ärmlich

schmeißn in der im Mhd. und älteren Nhd. gültigen Bedeutung „schlagen", züchtigen

schnapseln Schnaps trinken

Schnitzhüttn Raum (am Rettenegg-Hof im ersten Stock gelegen), in dem Werkzeuge hergestellt und repariert wurden

scho schon

Schott, Schottn Topfen

Schwaben ebenso wie „Russen" weit verbreitete Bezeichnung für Ungeziefer

Schuber Riegel; auch für Schublade bei den Kommodkästen

sekkieren necken, belästigen

Sonntagsgwandl Kleidungsstück, das nur an Sonn- und Feiertagen getragen wurde

Sparherd kleiner Herd, der wegen der kleinen Famme (im

Unterschied zu den vorher üblichen großen Herden)
und des geringen Raumes, den er einnahm, als sparsam
galt

Speis Speisekammer, Vorratsraum für Lebensmittel

Steig schmaler Weg

Stock auch in der Bedeutung „im Erdreich belassener
Baumstumpf"

Stör die früher allgemein übliche Einrichtung, daß verschiedene Handwerker wie Weber, Schneider oder
Schuster eine Zeitlang am Hof und nicht in einer/ihrer
eigenen Werkstätte die beim betreffenden Bauern für sie
anfallenden Arbeiten verrichteten

Stup etwas Pulverförmiges, Pulverisiertes

Treefarmer modernes forstwirtschaftliches Erntegerät

Treibstecken zum Antreiben des Viehs benutzter Stock

Troad Getreide

Troadkostn kleines Gebäude zur Lagerung der Getreide-
truhen, in dessen erstem Stock das Geselchte aufbewahrt
wurde

Tuck Gewohnheit, Handlungsweise, Benehmen

uma und uma gehn Vor Eintritt der Kranken- und Pen-
sionsversicherung waren mittellose, alte Menschen von
den mehr oder minder freiwilligen Zuwendungen der
Dorfgemeinschaft abhängig. Es war für die einzelnen
Bauern verpflichtend, die alten Leute eine Zeitlang zu
verpflegen und zu beherbergen. Die Fürsorge hielt sich
zumeist in Grenzen, die Alten zogen von einem Hof zum
anderen – mußten „uma und uma gehn"

umi hinüber

Viaschta Schürze

walgen sich wälzen, sich drehen; herumwalgen: sich her-
umwälzen

Wam, Wawi Koseform von Barbara

Weiberleutkammer Raum, in dem das weibliche Perso-
nal schlief

Werchhaufen Ansammlung von Werg

Werfer Dienstbote, der Dritte im Rang der männlichen

Arbeitskräfte. Den Namen hat er von überwiegend werfenden Tätigkeiten im Rahmen seines Arbeitsbereiches: Während der Erntezeit mußte er in der Tenne das eingebrachte Heu vom Wagen auf den Lagerplatz werfen; im Winter mußte er das Heu vom Futterstock herunter-/hinaufwerfen. Beide Arbeitsvorgänge sind sehr anstrengend

Werg Flachs-, Hanfabfall; kommt aus dem Mhd. werc bzw. dem Ahd. werich. Es bedeutet „das, was bei jemandem durch Werk (= Arbeit) abfällt"

Zecherl (Orangen-) Spalte einer Orange

Zeuglwerk Kram, Plunder

zindn In „I zind da ane" – ich gebe dir eine Ohrfeige, wahrscheinlich in der Bedeutung von „zünden, glühend machen, brennend machen" gebraucht (vgl. auch Entzündung)

zraft zerrauft

zuchi an etwas heran; z. B.: „Sitz zuchi zan Tisch!" (Setz dich an den Tisch!)